Schattige Gärten gestalten

besser gärtnern

Schattige Gärten gestalten

Andrew Mikolajski

DORLING KINDERSLEY

LONDON, NEW YORK, MELBOURNE, MÜNCHEN UND DELHI

Für Finetta

GESTALTUNG, VERANTW. Rachael Smith
PROJEKTBETREUUNG Emma Callery
BILDBETREUUNG Alison Shackleton
LEKTORAT Zia Allaway
HERSTELLUNG Rebecca Short

CHEFLEKTORAT Anna Kruger
CHEFBILDLEKTORAT Alison Donovan
DTP-DESIGN Louise Waller
BILDRECHERCHE Lucy Claxton, Richard Dabb, Mel Watson

FOTOS Peter Anderson

Für die deutsche Ausgabe:
PROGRAMMLEITUNG Monika Schlitzer
PROJEKTBETREUUNG Regina Franke
HERSTELLUNGSLEITUNG Dorothee Whittaker
HERSTELLUNG Anna Strommer, Maxie Zadek

Bibliografische Information Der Deutschen Bibliothek
Die Deutsche Bibliothek verzeichnet diese Publikation in der
Deutschen Nationalbibliografie; detaillierte bibliografische Daten
sind im Internet über http://dnb.ddb.de abrufbar.

Titel der englischen Originalausgabe:
Plants for Shade

ÜBERSETZUNG Wiebke Krabbe
REDAKTION Agnes Pahler

ISBN 13: 978-3-8310-1167-4

Colour reproduction by Colourscan, Singapore
Printed and bound in Singapore by Star Standard

Besuchen Sie uns im Internet
www.dk.com

Hinweis

Die Informationen und Ratschläge in diesem Buch sind von den Autoren und
vom Verlag sorgfältig erwogen und geprüft, dennoch kann eine Garantie
nicht übernommen werden. Eine Haftung der Autoren bzw. des Verlags und seiner
Beauftragten für Personen-, Sach- und Vermögensschäden ist ausgeschlossen.

Inhalt

Schöne Schatten-seiten

Vor die Wahl gestellt zwischen einem schattigen und einem sonnigen Beet werden die meisten Gärtner sich, ohne groß zu überlegen, für die Sonne entscheiden. Dabei haben die kühlen Gärten mit ihrem gedämpften Licht einen ganz besonderen Reiz. Selbst ein Garten im tiefen Schatten kann zauberhaft aussehen, wenn darin Pflanzen mit ornamentalem Laub wachsen. Die Gestaltungsvorschläge in diesem Kapitel zeigen, wie man aus einem Schattenbeet das Beste macht und wie durch die wechselnden Lichtverhältnisse im Lauf des Tages wunderbare Licht- und Schattenspiele entstehen können.

Tupfenmuster aus Licht und Schatten

Der lichte Schatten unter Laubbäumen hat etwas Faszinierendes. Mit dem Entfalten der Blätter im Frühling ändert er sich täglich, und durch das Spiel der Blätter im Wind sogar von Minute zu Minute.

Abbildungen im Uhrzeigersinn von oben links

Glitzernde Lichtreflexe Wasser im Garten hat etwas Fesselndes. Seine spiegelnde Oberfläche fängt den Blick und hält ihn fest. In diesem geometrischen Becken nach islamischem Vorbild spiegeln sich die Kronen der eleganten Birken *(Betula)*, während im Wasser selbst keine Pflanzen wachsen.

Gemächlich Dieser Weg führt aus einem schattigen in einen sonnigen Bereich, aber die dicht bepflanzten Beete mit einer lockeren, abwechslungsreichen Mischung aus schattenverträglichen Sträuchern und Stauden lädt ein, sich unterwegs Zeit zu lassen.

Rasenmosaik Ein Rasen im Schlagschatten einer Baumkrone ist der perfekte Platz für ein Sommerpicknick. Wählen Sie für solche Flächen eine spezielle Saatgutmischung für Schattenrasen.

Frühe Schöne Lenzrosen *(Helleborus x hybridus)* gehören zu den schönsten Stauden, die im Schatten blühen. Sie sind immergrün, unempfindlich gegen Krankheiten und blühen oft schon im Februar. Die flachen Schalenblüten können verschiedene Farben von Schneeweiß über Creme, Rosa und Pink bis Schwarzviolett haben, manche Sorten sind hübsch gezeichnet.

Kontraste im tiefen Schatten

Erstaunlich viele Pflanzen gedeihen noch im tiefen Schatten – allerdings blühen sie zaghafter als in der Sonne. Dadurch schrumpft die Farbskala, andererseits fällt jede einzelne Blüte stärker auf. Ideal ist eine ausgewogene Mischung aus immergrünen und laubabwerfenden Pflanzen, kombiniert mit einigen auffälligen Hinguckern.

Abbildungen im Uhrzeigersinn von oben links

Waldlichtung Diese Bepflanzung wirkt sehr natürlich, ist aber in Wahrheit sorgfältig zusammengestellt. Farne fühlen sich im Schatten auf feuchtem Boden wohl und harmonieren sehr gut mit Fingerhut (*Digitalis purpurea*). Hier leuchtet eine weiß blühende Sorte zwischen dem Grün. Der Kriechende Günsel (*Ajuga reptans*) im Vordergrund schiebt im Frühling blaue Blütenähren in der Form kleiner Pagoden. Es gibt sogar Auslesen mit Blüten in Weiß oder Rosa.

Gut versteckt Manche Gartenhöfe bekommen wenig oder gar keine direkte Sonne. Dieses »Problem« lässt sich aber als Vorteil nutzen. Im feuchten, geschützten Schatten gedeihen Moose, die hier das Fischgrätmuster der Pflastersteine betonen. Funkien (*Hosta*), Efeu und Farne runden das Bild ab. Bedenklich ist nur, dass moosige Steine bei feuchter Witterung sehr rutschig werden. Außerdem fühlen sich in dieser Umgebung auch Schnecken sehr wohl.

Kühler Ruheplatz Ein eleganter Stadtgarten darf streng gestaltet sein. Hier bilden die Schattenpflanzen einen Rahmen für die schön gearbeitete Bank aus Eichenholz. Als Blickfang des Bereichs lädt sie ein, im kühlen Schatten Platz zu nehmen und die verschiedenen Blattformen und -strukturen zu studieren. Großblättrige Pflanzen sorgen für eine subtropische Atmosphäre.

Leuchtender Akzent Winterharte Alpenveilchen (*Cyclamen*-Arten) zählen zu den Pflanzen, die im Schatten blühen. Sie mögen winzig sein, doch als große Gruppe wirken sie beeindruckend. Es gibt Sorten mit Blüten in verschiedenen Rot- und Rosatönen, im Schatten sehen aber weiße besonders hübsch aus. Auch die silbrig marmorierten Blätter tragen zu ihrer Attraktivität bei.

Schatten im Lauf des Tages

Schatten stellt keine Konstante dar. Er verändert sich im Laufe des Tages, aber auch
im Rhythmus der Jahreszeiten. Im Winter
steht die Sonne tiefer und wirft schon am
Tag lange Schatten. Im Sommer bekommen viele Gärten mehr Sonnenstunden.
In diesem Gartenhof ist gut zu erkennen
wie drastisch sich die Lichtverhältnisse im
Lauf eines Tages ändern.

Abbildungen entgegen dem Uhrzeigersinn vom oben links

Morgen Die Lage des Hauses und die niedrige Grenz-
mauer im Osten machen es möglich, dass die Morgensonne
in den Nordteil des Gartens scheint. Morgensonne kann
kräftig sein, aber sie wärmt nicht sehr stark – vor allem,
wenn die Nacht kalt war. Die Mauern werfen Schatten,
geben aber auch Wind- und Sichtschutz, darum ergibt das
Holzdeck einen schönen Frühstücksplatz.

Mittag Einige Stunden später steht die Sonne hoch am
Himmel. Das Haus wirft tiefen Schlagschatten auf die
Kiesfläche jenseits des Holzdecks. Dieser Bereich wird erst
am nächsten Morgen wieder Sonne erhalten. Auch die
Kübel am Rand des Decks stehen im Schatten. Hier ist es
jetzt kühl, aber in der »Sonnenfalle« am Ende des Gartens
kann es heiß werden, weil die Steinmauer die Wärme
reflektiert. Diese Situation behagt den angepflanzten
Mittelmeerkräutern sehr gut.

Abend Nach Feierabend fällt keine direkte Sonne mehr in
den Garten. So einen kühlen, geschützten Rückzugsplatz
weiß man nach einem heißen Tag zu schätzen. Mauern und
Kies geben die Wärme, die sie am Tag gespeichert haben,
allmählich wieder ab und laden dazu ein, selbst nach
Sonnenuntergang noch ein Weilchen sitzen zu bleiben.

Spätsommer Die Sonne steht im Sommer höher und um
die Mittagszeit sind die Schatten kurz. Obwohl in diesem
Garten immer einzelne Bereiche im Schatten liegen, wirkt
er nicht düster, sondern freundlich. Es fällt ausreichend
Streulicht ein für einen angenehmen Aufenthalt im Freien.
Dazu tragen die vielen Blattschmuckstauden bei, die mit
relativ wenig Licht auskommen. Gräser, in Kübeln und
durch die Folie hindurch unter die Kiesauflage gepflanzt,
sind eine gute Wahl, weil sie viele Monate im Jahr attraktiv
aussehen.

Schatten im Lauf des Jahres

Durch die Neigung der Erdachse zur Umlaufbahn um die Sonne verändert sich das Lichtangebot im Jahreslauf beträchtlich. Wer einen Pflanzplan aufstellt, sollte genau beobachten, wie viel Sonnenschein in die einzelnen Gartenbereiche je nach Jahreszeit einfällt.

Abbildungen von links nach rechts
Frühling Wenn die Tag-und-Nacht-Gleiche im Frühling vorüber ist, spürt man deutlich, dass die Tage heller und vor allem länger werden. Die Sonne steigt höher, die Schatten werden dadurch kürzer. Es dauert aber noch etwas, bis die sommergrünen Bäume und Sträucher sowie die Kletterpflanzen an Pergolen und Rankgerüsten ihr Laub voll entwickelt haben. Bis dahin kommt das bis zum Boden einfallende Sonnenlicht den niedrig wachsenden Pflanzen zugute.

Sommer Dies ist die Zeit der starken Kontraste im Garten. In den sechs bis acht Wochen nach der Mittsommernacht kann die Sonne sengend heiß brennen. Mittags steht sie hoch am Himmel und die Schatten sind sehr kurz. Bäume und Sträucher stehen in vollem Laub und erzeugen dunkle Schattenzonen. Auch hohe Stauden werfen Schatten. In dieser Zeit zieht man sich gern in den Schatten von Gebäuden und Pergolen zurück.

Herbst Viele Gärtner lieben den Herbst – nicht nur der Ernte wegen. Die Sonne steht wieder tiefer, die Schatten werden länger. Wenn die ersten Blätter zu fallen beginnen, entstehen unter den Bäumen reizvolle Licht- und Schattenspiele. Nun wird es Zeit für die letzten Gartenarbeiten, denn die Tage werden spürbar kürzer.

Winter In dieser ruhigen Zeit sehen viele Gärten kahl und leer aus. Selbst an sonnigen Tagen sind die Schatten lang, und manche Gartenbereiche, die im Sommer Sonne erhalten, liegen jetzt ganztägig im Schatten. Wenn Ihnen der winterliche Garten aufs Gemüt schlägt, besorgen Sie sich viele Pflanzen, die zu dieser Jahreszeit interessant aussehen.

Schlagschatten von Gebäuden

Viele Höfe erhalten Schatten durch benachbarte Gebäude oder Grenzmauern. Auch Elemente, die als Sichtschutz dienen, werfen Schatten. Mit etwas Fantasie lassen sich auch solche Bereiche lebendig und behaglich gestalten.

Abbildungen im Uhrzeigersinn von links außen

Äußere Einflüsse Nachbarhäuser und andere Gebäude können tiefe Schlagschatten werfen. Es hängt vom persönlichen Standpunkt ab, ob man so einen eingeschlossenen Garten als beengt oder geborgen empfindet. Hier wurden die Gartenmauer und eine Wand des Nachbarhauses in eine grottenartige Bepflanzung mit üppigen Grünpflanzen und einem hübschen Wasserspiel einbezogen.

Design muss sein Oft zeigt es sehr guten Effekt, wenn man bestimmte Designelemente konsequent aufgreift. Hier gaben die Zaunlatten das Thema vor. Die waagerechte Ausrichtung wiederholt sich in den Farnen, während die aufrechten Linien der Birken (*Betula*) und des Fingerhuts (*Digitalis*) im Kontrast dazu senkrecht aufstreben.

Blühende Wand Gartenmauern oder die Wände von Garagen und anderen Nebengebäuden lassen sich problemlos begrünen. Viele Kletterpflanzen – selbst einige Rosen – blühen im Schatten so reich wie in der Sonne. Die dauerblühende Kletterrose 'Kathleen Harrop' mit hellrosa Blüten duftet obendrein herrlich.

Asiatisch Ein wichtiges Stichwort bei der Gartengestaltung ist der stilistische Zusammenklang aller Elemente innerhalb eines Bereichs. Die Wandverkleidung aus Bambusmatten vermittelt eine fernöstliche, fast subtropische Atmosphäre. Darauf ist die Bepflanzung abgestimmt. Farne und Funkien (*Hosta*) fühlen sich im Schatten wohl.

Schatten durch die Bepflanzung

Pflanzen werfen ganz unterschiedliche Schatten. Der Schatten kompakter, immergrüner Bäume und Sträucher kann so tief sein wie der Schatten einer Mauer. Unter laubabwerfenden Bäumen verändern sich die Lichtverhältnisse stärker. Im Frühling und Herbst fällt viel Licht bis zum Boden ein. Im Sommer wirft die dicht belaubte Krone einen tieferen Schatten.

Abbildungen im Uhrzeigersinn von oben links

Unter Baumkronen Niedrige Hecken eignen sich gut, um einen Bereich zu markieren, ohne ihn ganz abzugrenzen. Wenn im Winter die Birken (*Betula*) kahl dastehen, fällt der Blick auf das streng formal gestaltete Beet im Hintergrund. Stehen die Birken den Sommer über im vollen Laub, lädt der schattige Sitzplatz zu einer Mahlzeit im Freien ein. Die weißen Stämme betonen die Eleganz der Birken. An ihrer Stelle könnte man aber auch Ebereschen (*Sorbus*), Linden (*Tilia*), Pappeln (*Populus* x *jackii* 'Aurora') oder gedrungene Auslesen des Trompetenbaumes (*Catalpa bignonioides*) pflanzen.

Kühles Wasser Auf dauerfeuchtem Boden gedeihen verschiedene Sumpfpflanzen, von denen sich einige aber nur für große Gärten eignen. Das Mammutblatt (*Gunnera manicata*) macht seinem Namen alle Ehre – seine Blätter werden bis 2 m groß. Ihre Stiele erreichen die Höhe eines ausgewachsenen Mannes. Im Hintergrund stehen hohe Weiden und andere Bäume, die Schatten für diese kühle Oase spenden.

Dschungelpfad Manche Pflanzen wirken ungemein exotisch und sind dabei in geschützten Lagen und im milden Klima einigermaßen winterhart. Baumfarn (*Dicksonia antarctica*) und Hanfpalme (*Trachycarpus fortunei*) gehören zu den schattenverträglichen Pflanzen mit Dschungelflair. Sie sorgen für eine tropische Anmutung. Ihre Wedel harmonieren gut mit den Gräsern, Farnen und Etagen-Primeln an diesem Bachlauf. Wie so oft im Schatten herrschen Grüntöne vor, doch die Blüten in Orange, Violett und Pink heben sich auffällig ab.

Schatten durch die Bepflanzung – *Fortsetzung*

Abbildungen im Uhrzeigersinn von links

Signalrot Fackellilien (*Kniphofia*-Hybriden) aus Südafrika
gelten allgemein als sonnenhungrig, dabei blühen sie selbst
im lichten Schatten gut. Nur Nässe während der Win-
termonate vertragen sie gar nicht. Vor dem Hintergrund
der gelbgrünen Ulmenblätter (*Ulmus glabra* 'Lutescens')
und eingerahmt von Gold-Liguster (*Ligustrum ovalifolium*
'Aureum') und Frauenmantel (*Alchemilla mollis*) geben sie
einen guten Blickfang ab. Für kleinere Beete empfehlen sich
zierlichere Sorten wie *Kniphofia* 'Little Maid'.

Blütenpracht Hecken werfen Schatten und entziehen
dem Boden Wasser und Nährstoffe, darum gedeihen zu
ihren Füßen nicht viele Pflanzen. Die Kartoffel-Rose (*Rosa
rugosa*) kommt aber mit solchen Bedingungen zurecht und
bildet im Gegensatz zu anderen Strauchrosen rundliche
»Kuppeln« aus hübschen Blättern. Im Sommer trägt sie
große, duftende Blüten in Rosa oder Weiß. Storchschnäbel
(*Geranium*) sind schöne Begleiter für Rosen. Hier genügt das
Licht auch für das silberlaubige Jakobskraut (*Brachyglottis*)
im Vordergrund, damit es reich blüht.

Erlesene Eleganz In Schattenbeeten herrschen meist
Grüntöne vor, dennoch können sie mit den richtigen Pflanzen sehr abwechslungsreich sein. Schöner als viele einzelne
Pflanzen kommen größere Gruppen zur Geltung. Wenn
Schnecken zur Plage werden, stellt Lungenkraut (*Pulmonaria*) eine gute Alternative zu Funkien (*Hosta*) dar. Hier bildet
es einen Teppich im Schatten von Sträuchern und schlanken Irisblättern. Buchsbaumkugeln verleihen dem Beet ein
dauerhaftes Gerüst.

Rosenschatten Manche Kletter- und Ramblerrosen
vertragen Schatten, andere kann man über eine Pergola
ziehen, damit sie Schatten spenden. Die Multiflora-Rambler-
rose 'Veilchenblau' ist gut schattenverträglich. Sie trägt im
Frühsommer Blüten in ungewöhnlichem Violett.

Vom Umgang mit Schatten

Schattengärten können sehr elegant und wunderbar friedlich wirken. In diesem Kapitel erfahren Sie, wie man in einem sonnigen Garten kühle Oasen für Schattenpflanzen schaffen kann. Und wenn es auf Ihrem Grundstück düstere Ecken gibt, in denen nichts wachsen will, finden Sie hier Tipps, um solche Bereiche aufzuhellen. Schließlich geht es im Folgenden noch um geeignete Rasenansaaten und befestigte Oberflächen für Schattengärten sowie um verschiedene Bodentypen und die Möglichkeiten sie zu verbessern.

Schattenspender: Mauern, Zäune, Trennwände

Wie angenehm Schatten sein kann, vergisst man leicht – bis die Sonne im Hochsommer brennt und man nach einem kühlen Plätzchen sucht. Entdecken Sie hier, wie Sie Schatten schaffen, ohne dass die Pflanzen unter Lichtmangel leiden.

Schöner Bambus

Hässliche Zäune lassen sich leicht mit Bambusmatten verkleiden, die man als Paneele oder auf Rollen kaufen kann. Bambus passt gut zu asiatisch inspirierten Gärten. Hier wurde ein lebender schattenverträglicher Bambus davor gepflanzt, ergänzt um goldgelbe Lilien im graublau glasierten Kübel. Anstelle der Bambusmatten könnte man Hasel- oder Weidengeflecht verwenden, das rustikaler aussieht.

Wandschmuck Schattige Wände müssen nicht trist aussehen. Diese Mauer wurde weiß gestrichen, um für die sonnenhungrigen Pelargonien genügend Licht zu reflektieren. Darunter quellen Hängelobelien kontrastreich hervor. In kleinen Töpfen gezogen, gedeihen manche Sonnenpflanzen besser im Halbschatten.

Kühle Laube Dieser schattige Sitzplatz hat eine doppelte Funktion: Zu manchen Tageszeiten fängt er die Sonne ein, doch wenn die Sonne heiß brennt, bietet er willkommenen Schatten. Die Glyzine wirft im Winter das Laub ab und lässt dann mehr Licht durch. Solche Lauben werfen allerdings wiederum Schatten auf die Pflanzen in der Umgebung.

Gesprenkelter Schatten

Ein frei stehendes Rankgerüst (Treillage) unterteilt den Garten und bietet doch genug Durchblick, um zu ahnen, was sich dahinter verbirgt. Der Goldhopfen (*Humulus lupulus* 'Aureus') ist eine kletternde Staude. Er zieht im Winter völlig ein, sodass man direkt durch das Gitter hindurch sehen kann. Im Sommer schirmt er den Bereich angenehm ab. Die Pflanze selbst braucht viel Licht, um eine schöne, goldgrüne Blattfärbung zu entwickeln, ist aber ihrerseits ein angenehmer Schattenspender für die Stauden zu ihren Füßen.

Viel zu heiß

Auf offenen Grundstücken wünscht man sich im Sommer manchmal einen Schattenplatz. Wer ein Zelt aufbauen kann, stellt so ein Sonnensegel in wenigen Minuten auf. Während einer Schönwetterperiode kann es an seinem Platz bleiben, aber man kann es auch nach Belieben immer wieder umstellen. Viele Pflanzen sind im Hochsommer ebenso dankbar für etwas Schatten wie die Menschen. Bleibt das Sonnensegel versehentlich im Regen draußen, muss es vor dem Zusammenrollen gründlich abtrocknen, sonst entsteht Schimmel.

Schattenspender: Bäume und Sträucher

Es ist ganz einfach, einen Gartenbereich mit Pflanzen zu beschatten. Es dauert einige Jahre, bis Bäume herangewachsen sind, doch die Geduld lohnt sich allemal.

Birkenwäldchen Wer Bäume mag, aber nur wenig Platz hat, kann zum Beispiel einige kleine, schlanke Birken pflanzen. Weil sie nur lichten Schatten werfen, gedeihen zu ihren Füßen viele Blumen.

Grüner Tunnel Eine Reihe von bogenförmig erzogenen Bäumen eignet sich, um einen Weg zu beschatten, der von einem Gartenbereich zum anderen führt. Gut geeignet sind dafür Hasel, Goldregen und Rot-Buche.

Pflanzenkombinationen Kleinere Pflanzen können sich gegenseitig Schatten spenden. Hier beschatten Strauchveronika (*Hebe*) und eine Eibenkugel das Purpurglöckchen, während die übrigen Pflanzen sonnig stehen.

Immergrün Die antike Statue vermittelt – ebenso wie die hohe Eibenhecke – eine etwas düstere Stimmung. Ein Gegengewicht bilden die weißen Glockenblumen im Vordergrund.

Schatten je nach Jahreszeit Kombinationen aus immergrünen und laubabwerfenden Pflanzen wirken sehr lebendig, zumal sich der Schattenwurf der sommergrünen Arten im Jahreslauf verändert. Formschnitt wirkt skulptural.

Schattige Winkel aufhellen

Mit einigen einfachen Tricks und etwas Einfallsreichtum lässt sich Licht – oder zumindest ein gewisser Eindruck von Helligkeit – in dunkle Bereiche holen.

Weiße Wände Eine weiße Wand reflektiert Licht und scheint zu leuchten, selbst wenn niemals die Sonne direkt darauf scheint. In dunklen Gartenhöfen kann ein Anstrich in Weiß oder einer anderen hellen Farbe Wunder wirken.

Weiß, weißer ... Weiße Objekte erscheinen meistens größer, als sie in Wirklichkeit sind, weil sie Licht reflektieren. Die weißlich rosa Blütenrispen der Rodgersie (*Rodgersia aesculifolia*) leuchten im Frühsommer mit den hellen Birkenstämmen um die Wette.

Helle Kübel Es klingt banal, aber weiße oder helle Kübel lassen eine schattige Terrasse freundlicher wirken. Empfehlenswert ist glasierter Ton, der sich leicht reinigen lässt. Auf lackierten Tontöpfen siedeln sich schnell Algen an und Kunststofftöpfe werden bald unansehnlich.

Baumkronen auslichten

Bäume und Sträucher werfen viel Schatten. Trotzdem will man sie manchmal erhalten, weil sie Sichtschutz bieten. Sägt man die unteren Äste heraus, gelangt mehr Licht auf den Boden, ohne dass die Privatsphäre verloren geht. Für größere Äste verwendet man eine Säge, die man zuerst von unten und dann von oben ansetzt.

Zuerst den Ast von unten bis zur Hälfte einsägen. Dann den Ast von oben zum Einschnitt hin absägen.

Entfernt man die unteren Äste aus der Baumkrone, erhalten die Stauden am Boden mehr Licht und blühen besser.

Rasen und andere Freiflächen

Eine freie Fläche zum Entspannen darf in keinem Garten fehlen. Es kommt auf die individuellen Gewohnheiten und den Charakter der Anlage an, wie diese Fläche beschaffen sein sollte.

Grüntöne Gras fühlt sich schön weich unter den Füßen an und wirkt angenehm rustikal und zwanglos. Für schattige Gärten stehen für die Ansaat spezielle Schattenrasenmischungen zur Verfügung.

Pflaster In häufig begangenen Bereichen stellt ein Pflaster- oder Plattenbelag die beste Wahl dar. Allerdings entwickeln sich im Schatten schnell Moose und Flechten in den Fugen, sodass man leicht darauf ausrutschen kann.

Holzdecks Sie sehen vor allem in Stadtgärten, die keinen Bezug zur umgebenden Landschaft haben, sehr elegant aus. Holz verwittert aber rascher als ein Steinbelag, darum hat ein Deck eine geringere Lebensdauer.

Kies Einfacher geht es nicht: Unkraut unterdrückendes Vlies auslegen und den Kies darauf anschütten. Kies erscheint geradezu ideal für Schattenbereiche, weil er bei Nässe nicht rutschig wird und viel Licht reflektiert.

Schattenplätze für Zimmerpflanzen

Viele Zimmerpflanzen stammen aus dem tropischen Regenwald, in dem es eher dunkel ist. Sie genießen es sehr, wenn sie den Sommer im Freien verbringen dürfen – sofern die Temperaturen nachts nicht zu sehr absinken.

Erste Hilfe Pflanzen, die in geheizten Räumen stehen, sind anfälliger für Krankheiten und Schädlinge. Im Freien besorgen Nützlinge die Bekämpfung so mancher Schädlinge und die bessere Luftzirkulation verhindert das Auftreten von Pilzkrankheiten. Zeigt eine Pflanze dennoch einen Befall, ist es oft einfacher, Insektizide oder Fungizide im Freien zu spritzen – und zwar an einem windstillen Tag, damit die Wirkstoffe nicht verweht werden.

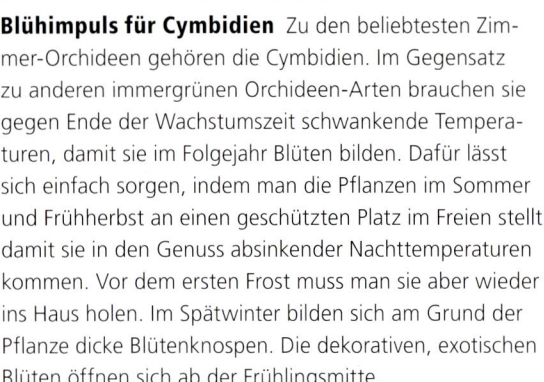

Zimmerpflanzen und Balkonblumen Viele Zimmerpflanzen werden wegen ihres zierenden Blattwerks geschätzt, das einen originellen Blickfang bilden kann, wenn man es mit typischen Beet- und Balkonblumen kombiniert. Grünlilien (*Chlorophytum comosum*) und hängende Dreimasterblumen (*Tradescantia* x *andersoniana*) bieten sich dafür an. Um sie abzuhärten, stellt man sie ab Anfang Mai jeden Tag etwas länger ins Freie. Sie benötigen einen abgeschirmten Platz, an dem sie vor Wind und starken Temperaturschwankungen geschützt sind.

Blühimpuls für Cymbidien Zu den beliebtesten Zimmer-Orchideen gehören die Cymbidien. Im Gegensatz zu anderen immergrünen Orchideen-Arten brauchen sie gegen Ende der Wachstumszeit schwankende Temperaturen, damit sie im Folgejahr Blüten bilden. Dafür lässt sich einfach sorgen, indem man die Pflanzen im Sommer und Frühherbst an einen geschützten Platz im Freien stellt, damit sie in den Genuss absinkender Nachttemperaturen kommen. Vor dem ersten Frost muss man sie aber wieder ins Haus holen. Im Spätwinter bilden sich am Grund der Pflanze dicke Blütenknospen. Die dekorativen, exotischen Blüten öffnen sich ab der Frühlingsmitte.

Hübsche Dekoration für eine schattige Terrasse
Pflanzen in Kübeln – Zimmerpflanzen mit eingeschlossen – können ein Nomadenleben führen und an verschiedenen Orten stehen. Diese Kombination aus Freiland- und Zimmerpflanzen wertet eine dunkle Terrassenecke auf.

Guter Boden für Schattengärten

Ein wichtiger Teil der Gartenarbeit ist die Bodenpflege. Nur auf gesundem, nährstoffreichem Boden entfalten die Pflanzen ihre ganze Pracht.

Strukturverbesserer Selbst bereiteter Gartenkompost ist der beste Zuschlagstoff, den Sie dem Boden zuführen können. Er verbessert die Struktur, lockert schwere Tonböden auf und bindet lockere Sandböden zu stabilen Bodenkrümeln.

Selber machen Für einen guten Kompost verwendet man möglichst viele verschiedene »Ausgangsstoffe«: rohe Gemüseabfälle, verdorbenes Obst und Gemüse, einjährige Unkräuter, die noch keinen Samen gebildet haben, Rasenschnitt, Eierschalen, zerrissenes Zeitungspapier und kleine Schnipsel aus Pappe. Schnittgut von Nadelbäumen und immergrünen Sträuchern verrottet zu langsam. Zum Aktivieren der Rotte eignet sich Stallmist oder menschlicher Kompostbeschleuniger aus dem Gartenfachhandel. Alle Bestandteile schichtet man locker in einen Kompostsilo. Im Idealfall wird der Kompost alle sechs bis acht Wochen umgesetzt, um die Rotte zu beschleunigen. Wenn der Kompost dunkelbraun und krümelig aussieht und nach Waldboden riecht, ist er einsatzbereit. Im Sommer und bei häufigem Umsetzen kann das schon nach zwölf Wochen der Fall sein.

Wundermittel Kompost Kompost lässt sich auf verschiedene Weise verwenden. Beim Anlegen eines neuen Beetes gräbt man den Boden zuerst um, dann arbeitet man eimerweise gut verrotteten Kompost unter. Sollen neue Pflanzen in ein vorhandenes Beet gesetzt werden, mischt man etwas Kompost in den Grund des Pflanzlochs ein. Kompost kann außerdem im Frühling oder Herbst als Mulch und zur Unterdrückung von Unkraut auf Beeten verteilt werden *(siehe rechts)*. Stark zersetzte Komposterde eignet sich als Substrat für Kübelpflanzen, nicht aber für Zimmerpflanzen, weil er viele Mikroorganismen und Kleinstlebewesen enthält. Verwenden Sie im Haus sterilisiertes Pflanzsubstrat.

Schwere Böden verbessern Schwerer Boden ist leicht zu erkennen. Bei Nässe klebt er an den Schuhen, bei Regen bilden sich an der Oberfläche Pfützen und bei trockenem Wetter wird er rissig. Sieht man auf der Oberfläche auch noch verräterische Algen, hat man es mit tonigem Boden zu tun, der Wasser schlecht abfließen lässt. Am besten ist es, reichlich Splitt oder Feinkies unterzugraben, den man im Gartencenter in Säcken bekommt. Wer größere Mengen braucht, kauft lose Ware beim Baustoffhändler billiger ein. Fragen Sie immer nach, ob sich die gewählte Qualität für die Verwendung im Garten eignet. Bei schweren Tonböden gräbt man etwa eine Schubkarre pro Quadratmeter unter.

Kampf den Beikräutern Unkräuter breiten sich hemmungslos aus und konkurrieren mit den erwünschten Pflanzen um Feuchtigkeit und Nährstoffe. Darum ist es wichtig, sie im Garten in Schach zu halten. Beim Umgraben eines Beetes sind alle Spuren von Unkraut zu entfernen – vor allem die zähen Wurzeln mehrjähriger Arten müssen Sie absammeln und entfernen. Unkrautsämlinge lassen sich meist mit der Hacke beseitigen. Bei starkem Bewuchs kann es unter Umständen nötig sein, ein Herbizid einzusetzen. Nähere Informationen dazu finden Sie auf Seite 112–113.

Mulch Eine Mulchauflage wird um die Pflanzen auf dem Boden verteilt. Alle Mulchmaterialien unterdrücken Unkraut, einige haben noch andere Vorzüge. Gartenkompost sieht beispielsweise unauffällig aus. Regenwürmer ziehen darin ihre Gänge und belüften und lockern so den Boden. Außerdem gibt der Kompost Nährstoffe an den Boden ab.

Kies sieht dekorativ aus, liefert aber keine Nährstoffe. Rindenmulch und Holzhackschnitzel sind organische Alternativen. Mit der Zeit verrotten sie und verbessern die Bodenstruktur – allerdings entziehen sie dabei dem Boden Stickstoff, der gegebenenfalls durch einen stickstoffreichen Dünger im Frühling wieder zugeführt werden muss.

Die richtigen Pflanzen

Viele Menschen sind unsicher bei der Wahl der Pflanzen für ihren Garten – vor allem, wenn das Grundstück schattig ist. Im folgenden Kapitel erfahren Sie, wie man geeignete Gewächse für den Schatten erkennt, welche Pflege sie brauchen und welche Gestaltungsmöglichkeiten sie bieten. Kontrollieren Sie vor dem Einkauf aber, wie viele Sonnenstunden Ihr Garten bekommt. Manche Pflanzen gedeihen nur optimal, wenn sie zumindest ein bisschen Sonne bekommen, andere geben sich sogar mit tiefem Schatten, ganz ohne direkte Sonneneinstrahlung, zufrieden.

Schattenpflanzen erkennen

Eine Grundregel lautet, dass man sich bei der Pflanzenwahl von den Standortgegebenheiten im Garten leiten lassen soll. Aber wie erkennt man, welche Pflanzen Schatten mögen?

Silberblättrige Pflanzen brauchen Sonne Die meisten Pflanzen mit silbrigen oder grauen Blättern gedeihen im Schatten schlecht. Ihre eigentlich grünen Blätter tragen eine Behaarung, Bereifung oder Wachsschicht als Schutz vor Sonne. Je heißer es ist, desto stärker prägt sie sich aus, deshalb sehen solche Pflanzen in voller Sonne am besten aus.

Stauden für den Schatten Pflanzen mit zarten Blättern, beispielsweise viele Funkien oder Lungenkraut, versengen in voller Sonne leicht, sie fühlen sich im Schatten wohler. Sorten mit gescheckem oder andersfarbigem Laub brauchen für eine schöne Farbausprägung etwas Sonne, im tiefen Schatten bleiben die Blätter meist einfarbig grün. Solche Pflanzen brauchen einen Platz, an dem sie täglich einige Sonnenstunden bekommen – aber keine Hochsommer-Mittagssonne. Gut eignet sich etwa ein Standort im lichten Schatten von Bäumen. In vielen Gartenbüchern liest man, dass Prachtstauden wie Päonien in der Sonne und im Schatten gedeihen. In der Sonne blühen sie reicher, aber im Schatten halten die Blüten länger und verblassen nicht so schnell.

Schöne Farnwedel Farne sind recht ursprüngliche Pflanzen, die sich über Sporen vermehren, aber keine Blüten bilden. In der Natur sind sie weit verbreitet und die meisten bevorzugen feuchten Boden an schattigen Standorten. Oft wachsen sie in Wäldern oder in Wassernähe. Die Wedel sind von Art zu Art sehr verschieden ausgeprägt, mal gefiedert, mal gekräuselt, mal gedrungen. Im Garten eignen sie sich dazu, dunkle Ecken zu beleben. Auch an Schattenplätzen am Wasser, als Blickfang im Steingarten oder im lichten Schatten unter Laubbäumen machen sie eine gute Figur. Wenn sie reichlich gegossen werden, gedeihen sie auch in Kübeln, etwa in einem Gartenhof oder auf einer schattigen Terrasse. Für den winterlichen Garten sind immergrüne Farne ein schöner Blickfang.

Sträucher für den Schatten In freier Natur bilden Sträucher oft das Unterholz von Wäldern. Sie fühlen sich im kühlen Schatten zwischen höheren Bäumen wohl. Weil sie sich zum Licht recken, können sie mit den Jahren stattliche Höhen erreichen. Die meisten Sträucher sind robust und anpassungsfähig. Viele Gartensträucher stammen ursprünglich aus Wäldern und gedeihen gut im Schatten, beispielsweise die abgebildete Fleischbeere (*Sarcococca confusa*), die sich auch als Bodendecker verwenden lässt. Hortensien und andere Sträucher mit großen Blättern schätzen den schützenden Schatten größerer Nachbarn, während Rhododendren und Kamelien im lichten Schatten länger und reicher blühen. Beide Arten brauchen aber sauren Boden oder müssen in Kübel gepflanzt werden.

Licht im Winter Die meisten Zwiebelblumen, die vom Spätwinter bis zum Frühling blühen, brauchen Sonne. Sie gedeihen aber gut in Bereichen, die zu anderen Jahreszeiten im Schatten liegen. Als Teppich unter Laubbäumen ist ihre Blüte abgeschlossen, bevor die Bäume im vollen Laub stehen. Wenn im Spätfrühling die Baumkronen den Boden beschatten, beginnt für viele Zwiebelblumen die Ruhezeit. Gut geeignet für diesen Zweck sind Krokusse, Schneeglöckchen *(Galanthus)*, Anemonen und früh blühende Narzissen. Tulpen eignen sich für solche Pflanzungen weniger, weil die meisten Sorten zu spät blühen.

Der Sonne entgegen Auch Kletterpflanzen sind zumeist Waldbewohner. In der Natur kriechen sie über den Waldboden, bis sie eine passende Stützpflanze finden. An dieser ziehen sie sich in die Höhe, bis sie dank ihrer Wuchskraft die Krone erreichen. Dort breiten sie sich oft weit aus und recken der Sonne ihre Blüten entgegen. Im Garten haben Kletterpflanzen gern einen schattig-feuchten Wurzelballen, während sie zum Licht hin wachsen. Man kann sie an schattige Mauern pflanzen, in ausgewachsene Bäume oder durch eine gemischte Strauchgruppe klettern lassen. Die Triebe sollten möglichst waagerecht erzogen werden, damit nicht alle Blüten im obersten Bereich der Pflanze erscheinen.

Bäume und Sträucher

Sträucher und Bäume besitzen durch ihr Astwerk dauerhaft Präsenz im Garten. Im Sommer steuern sie Blüten und Blattgrün bei, im Winter geben sie dem Garten Struktur.

Bäume und Sträucher für tiefen Schatten

Bäume und Sträucher für tiefen Schatten Immergrüne Gehölze mit festen, glänzenden Blättern fühlen sich im tiefen Schatten wohl. Sie blühen oft schwächer als an lichtreicheren Plätzen, eignen sich aber gut als Hintergrund für Arten mit üppigerem Flor. Wer sie genauer betrachtet, wird ihren Charme schätzen lernen. Formschnittverträgliche Arten wie Buchsbaum (*Buxus* in Sorten), Portugiesische Lorbeerkirsche (*Prunus lusitanica*) oder Eibe (*Taxus baccata*) gedeihen auch im Kübel in einem schattigen Hof.

- *Aucuba japonica*
- *Buxus sempervirens*
- *Daphne laureola*
- *Ilex aquifolium*
- *Lonicera pileata*
- *Osmanthus decorus*
- *Prunus laurocerasus*
- *Sarcococca*
- *Taxus baccata*
- *Vinca*

Bäume und Sträucher für Sonne und lichten Schatten Pflanzen mit zarten Blättern können in der Sonne versengen und vertragen oft auch keine rauen Winde. In einem schattigen, geschützten Garten treten diese Probleme nicht auf. Sträucher wie Kamelien, die im Frühling blühen, brauchen ausreichend Licht und stehen am besten in der Nähe von Laubbäumen oder Spalieren, durch die früh im Jahr Licht fällt. Pflanzen mit mehrfarbigen (»panaschierten«) Blättern benötigen Licht für eine schöne Farbausbildung.

- *Acer palmatum*
- *Berberis darwinii*
- *Camellia*
- *Dicksonia antarctica*
- *Hydrangea*
- *Paeonia*
- *Philadelphus*
- *Pieris japonica*
- *Rhododendron*
- *Skimmia japonica*

Kulturtipps für Bäume und Sträucher

Stützen Eine Stütze hilft dem Baum, vor allem an windausgesetzten Standorten, einen geraden Stamm zu bilden. Bei der Pflanzung wird zuerst der Wurzelballen des Baumes ins Pflanzloch gesetzt. Dann schlägt man die Stütze schräg ein, sodass das obere Ende in die Hauptwindrichtung zeigt. Den Wurzelballen dabei nicht verletzen. Den Baum mit einem Baumbinder aus Gummi befestigen, der gelockert wird, wenn der Stamm wächst. Nach drei Jahren Stütze entfernen.

Pflege Die meisten Bäume und Sträucher müssen im ersten Standjahr oft und reichlich bewässert werden. In den nächsten ein bis zwei Jahren wird bei anhaltender Trockenheit gegossen, danach braucht es keine Zusatzbewässerung mehr.

Stauden

Wie Bäume und Sträucher wachsen Stauden mehrjährig. Sie verholzen jedoch nicht, sondern ihre oberirdischen Teile sterben im Winter ab.

Stauden für tiefen Schatten Einige Stauden gedeihen und blühen sogar im tiefen Schatten. Dort trocknet der Boden nicht so schnell aus wie in der Sonne, was einigen Arten gut bekommt. Die meisten Farne vertragen tiefen Schatten, sofern der Boden feucht genug ist.

- *Brunnera macrophylla*
- *Convallaria majalis*
- *Dryopteris filix-mas*
- grünblättrige *Hosta*
- *Lamium maculatum*
- *Polygonatum* x *hybridum*

Stauden für lichten Schatten Hier fühlen sich sehr viele Stauden wohl. Selbst Arten, die für Sonnenplätze empfohlen werden, vertragen den kühlen Boden im Schatten gut, blühen aber weniger reich. Im Zweifelsfall pflanzen Sie eine Staude und beobachten Sie sie: Kümmert sie, wird sie im Frühling oder Herbst an einen anderen Platz umgesetzt. Die meisten Stauden-Arten sind robust und nehmen den Umzug nicht so leicht übel.

- *Ajuga reptans*
- *Alchemilla mollis*
- *Bergenia*
- *Dicentra spectabilis*
- *Geranium macrorrhizum*
- *Helleborus*
- *Heuchera*
- *Kirengeshoma palmata*
- *Paeonia*
- *Tellima grandiflora*

Kulturtipps für Stauden

Wasser und Dünger Stauden müssen im ersten Jahr nach der Pflanzung regelmäßig bewässert werden, vor allem bei anhaltender Trockenheit. Im Frühling arbeitet man etwas Volldünger rings um die Pflanzen in den Boden ein. Im Frühling oder Herbst kann man Gartenkompost oder verrotteten Stallmist als Mulch aufbringen.

Pflege Verwelkte Blüten regelmäßig ausputzen. Nach einigen Jahren die Stauden im Herbst ausgraben und teilen. Dazu den Wurzelballen mit den Händen oder mit zwei Rücken an Rücken eingestochenen Grabegabeln auseinander ziehen. Alternativ mit einem scharfen Messer zerschneiden. Nur die gesündesten Teilstücke wieder einpflanzen.

Alle Jahre wieder Die meisten Schattenstauden wachsen schnell und problemlos zu stattlichen Exemplaren heran, die jedes Jahr blühen, im Winter aber absterben. Pflanzt man darunter Zwiebelblumen, sind die Beete nie ganz kahl.

Zwiebel- und Knollenpflanzen

Diese mehrjährigen Pflanzen legen bei ungünstigen Bedingungen – meist bei winterlichem Frost und sommerlicher Trockenheit – eine Ruhezeit ein. Sie ziehen dann ihr Laub ein und verschwinden vollständig unter der Erde.

Frühjahrsblüher Viele Zwiebelblumen und Knollenpflanzen blühen in den ersten Monaten des Jahres. Sie bringen Farbe in den Garten und signalisieren so das Erwachen des Gartens aus dem Winterschlaf. Schneeglöckchen (*Galanthus*) und Winterling (*Eranthis*) blühen besonders früh. Ihnen folgen Krokusse, Narzissen und Hasenglöckchen (*Hyacinthoides*). Diese Blumen sehen als blühender Teppich unter Laubbäumen oder im Rasen bezaubernd aus, gedeihen aber auch gut in Pflanzgefäßen. Krokusknollen werden oft in Farbenmischungen – Weiß, Gelb und Blauviolett – angeboten. Wenn Ihnen das zu bunt ist, pflanzen Sie sie in Kübel und sortieren sie nach Farben, wenn sie blühen.

- *Camassia leichtlinii*
- *Crocus chrysanthus* 'E.A. Bowles'
- *Crocus* 'Dutch Yellow'
- *Crocus tommasinianus*
- *Crocus vernus* subsp. *albiflorus* 'Pickwick'
- *Eranthis hyemalis*
- *Fritillaria meleagris*
- *Galanthus elwesii*
- *Galanthus nivalis*
- *Hyacinthoides non-scripta*
- *Muscari armeniacum*
- *Narcissus* 'Actaea'
- *Narcissus* 'Tête-à-tête'

Hasenglöckchen bilden im Frühling Teppiche in romantischem Blau.

Robuste Narzissen und Schachbrettblumen gedeihen auch im Rasen.

Zwiebeln für den Sommer Einige Lilien-Arten (*Lilium*) stammen ebenfalls aus Wäldern und lieben kühlschattigen Boden. Diese eleganten Aristokratinnen des Gartens bezaubern durch ihren Duft. Bis auf wenige Ausnahmen bevorzugen die übrigen Zwiebelpflanzen, die im Sommer blühen, volle Sonne.

- *Colchicum speciosum*
- *Crocosmia* 'Lucifer'
- *Lilium Bellingham*-Gruppe
- *Lilium henryi*
- *Lilium lancifolium*
- *Lilium martagon*
- *Lilium medeoloides* (rechts)
- *Lilium pardalinum*
- *Lilium pyrenaicum*
- *Lilium speciosum*

Pflanzung und Pflege

Normalerweise pflanzt man die bloßen Zwiebeln während der Ruhezeit. Frühlingsblüher werden im Herbst gepflanzt, Herbstblüher im Spätsommer. Lilienknollen setzt man normalerweise im Frühling. Fast alle Zwiebelblumen brauchen durchlässigen Boden. Ist der Boden in Ihrem Garten eher schwer, arbeiten Sie vor der Pflanzung reichlich Feinkies ein.

Die Pflanztiefe entspricht etwa dem doppelten Zwiebeldurchmesser, bei Lilien dem dreifachen. Die verwelkten Blüten sollte man abschneiden und die Pflanzen mit etwas Volldünger versorgen, damit die Zwiebeln im folgenden Jahr wieder blühen. Umgepflanzt werden Zwiebelblumen nach der Blüte, solange das Laub noch grün ist.

Zum Verwildern im Rasen die Zwiebeln auswerfen und pflanzen, wo sie landen.

Schneeglöckchen pflanzt man am besten in der Wachstumsphase nach der Blüte um.

Große Horste nach der Blüte ausgraben und teilen, sonst lässt die Blühwilligkeit nach.

Kletterpflanzen

Rankpflanzen, die Zäune und Mauern, Pergolen und Bögen bekleiden, lenken den Blick in die Höhe. Je nach Art gedeihen sie im tiefen oder leichten Schatten.

Schattige Laube Nur wenige Kletterpflanzen fühlen sich im Vollschatten wohl. Efeu – hier eine panaschierte Sorte als immergrüne Laube über einer Gartenbank – kommt mit wenig Licht aus und spendet im Sommer selbst Schatten.

Kletterer für lichten Schatten

Fast alle Kletterpflanzen wachsen im Halbschatten gut. Sie schätzen einen kühlen Wurzelbereich und recken sich kraftvoll dem Licht entgegen. Arten, die vorwiegend wegen ihrer Blüten kultiviert werden, blühen in voller Sonne reicher, doch auch im lichten Schatten können sie durchaus Aufsehen erregen.

- *Akebia quinata*
- *Hydrangea anomala* subsp. *petiolaris*
- *Lonicera x tellmanniana*
- *Lonicera tragophylla*
- *Schizophragma integrifolium*
- *Trachelospermum jasminoides*
- *Wisteria sinensis* (rechts)

Der richtige Halt

Kletter- und Schlingpflanzen haben verschiedene Strategien entwickelt, um sich festzuhalten. Die Selbstklimmer bilden Saugnäpfe oder Haftscheiben aus. Andere schlingen mit ihren Trieben oder sie besitzen Ranken aus umgeformten Blättern, Stielen oder Sprossen. Spreizklimmer haken sich mit Dornen oder Stacheln fest.

Selbstklimmer Efeu hält sich mit Hilfe von Haftwurzeln fest. Bei der Pflanzung setzt man den Ballen schräg ein und bindet die Triebe an Stäbe, die an eine Mauer oder einen Zaun gelehnt sind.

Schlinger Man kann Schlingpflanzen dabei unterstützen, an senkrechten Pfählen hochzuranken, indem man in regelmäßigen Abständen Ringschrauben eindreht und dazwischen Drähte spannt, um die sich die Triebe winden.

Anbinden Die meisten Kletterpflanzen müssen an einem Rankgerüst befestigt werden. Während des Wachstums muss man die Triebe regelmäßig anbinden – möglichst waagerecht, damit das Spalier vollflächig bedeckt wird.

Clematis

Nicht umsonst wird diese Schönheit mit den eindrucksvollen Blüten in Weiß, Rosa, Rot, Blau und Violett gelegentlich als »Königin der Kletterpflanzen« bezeichnet.

Aufstrebend Wer unter den Hunderten von Clematis-Sorten die richtige Wahl trifft, kann sich fast durchgehend vom Spätwinter bis in den Herbst an Blüten freuen. Die Hauptblütezeit liegt jedoch im Sommer.

Waldreben zum Klettern in Bäume, an Pergolen und Gebäuden Viele *Clematis*-Arten und ihre Sorten besitzen große Wuchskraft und blühen sehr reich. Sie eignen sich bestens zum Verkleiden hässlicher Mauern. Allerdings ist der Sichtschutz nicht dauerhaft, denn die meisten verlieren im Herbst ihre Blätter. Einige Arten sehen hinreißend aus, wenn sie die Krone eines großen Baumes erobern. Allerdings sollte die Stützpflanze ausgewachsen sein, damit sie das Gewicht tragen kann.

- *Clematis flammula*
- *Clematis montana*
- *Clematis orientalis*
- *Clematis* 'Paul Farges'
- *Clematis rehderiana*
- *Clematis tangutica* (rechts)

Clematis für Bögen, Mauern und Zäune Großblumige Clematis-Hybriden sind meist weniger wüchsig als die Arten und eignen sich daher besser für kleinere Stützen. Einige blühen einmal, bei manchen folgt später ein zweiter Flor. Spät blühende Viticella- und Texensis-Hybriden haben zierlichere Blüten.

- *Clematis* 'Beauty of Worcester'
- *Clematis* 'Fireworks'
- *Clematis* 'Hagley Hybrid'
- *Clematis* 'Huldine'
- *Clematis* 'Jackmanii'
- *Clematis* 'Margaret Hunt' (oben)

Kompakte Sorten Einige moderne Sorten haben einen kompakten Wuchs und eignen sich gut für Kübel oder große hängende Ampeln.

- *Clematis* 'Burma Star'
- *Clematis* 'Silver Moon' (oben rechts)
- *Clematis* 'Sunset' (oben links)

Ein- und Zweijährige

Diese Pflanzen haben nur eine kurze Lebensdauer, doch wenn ihre Zeit kommt, bezaubern sie mit ihrer großen Blütenfülle.

Lückenfüller In diesem Beet sorgt Fingerhut (*Digitalis purpurea*) für Aufsehen. Die zweijährige Pflanze, die leicht aus Samen zu ziehen ist, gibt es mit Blüten in verschiedenen Farben wie Weiß, Zartrosa, Pink und Apricot. Die Jungpflanzen werden im Frühling oder Herbst einfach in Lücken im Beet gepflanzt. Fingerhut bildet im ersten Jahr eine Blattrosette und blüht im Sommer nach der Pflanzung.

Farbe für düstere Höfe

Viele der kurzlebigen Ein- und Zweijährigen kann man in Kübeln ziehen und als Farbtupfer in dunkle Ecken stellen. Möglich ist es auch, Kübel mit Sommerblumen in Beete zu stellen, die ihre beste Zeit hinter sich haben. Damit die Einjährigen schnell heranwachsen, stellt man die Töpfe am besten zunächst in die Sonne und räumt sie erst in den Schatten, wenn die Knospen beginnen, Farbe zu zeigen. Die Pracht hält dann mehrere Wochen, bei guter Pflege noch länger. Düngen Sie mit kalireichem Dünger, um die Blütenentwicklung zu fördern. Putzen Sie welke Blüten aus, damit sich beständig neue Blütenknospen bilden. Kübelpflanzen brauchen im Schatten weniger Wasser als in der Sonne. Im Sommer sollten Sie dennoch alle ein bis zwei Tage das Substrat prüfen.

- *Begonia*
- *Digitalis purpurea*
- *Impatiens*
- *Lobelia erinus*
- *Lunaria annua*
- *Myosotis*
- *Nemesia*
- *Nicotiana x sanderae*
- *Nicotiana sylvestris*
- *Pelargonium*
- *Primula*
- *Torenia fourieri*
- *Tropaeolum majus*
- *Viola* (rechts)

Kulturtipps für Einjährige

Anzucht aus Samen Man kann Sommerblumen zwar im Frühling und Sommer kaufen, doch es ist preiswerter und obendrein ganz einfach, sie aus Samen zu ziehen. Töpfe oder Schalen mit Anzuchtsubstrat füllen, gut durchfeuchten und abtropfen lassen. Die Samen dünn verteilen und mit gesiebtem Substrat bedecken. Die Abdeckhöhe ist auf der Packung angegeben. Viele kleine Samen brauchen zur Keimung Licht, sie werden nur angedrückt. Frostharte Einjährige können im Freien an einen geschützten Platz gestellt werden, frostempfindliche zieht man im Haus vor – je nach Lichtbedarf auf einem sonnigen oder schattigen Fensterbrett. Alternativ kann man ab Anfang Mai auch gleich direkt ins Freie säen.
Sind die Sämlinge groß genug, werden sie in Einzeltöpfe oder mit reichlich Abstand in Schalen pikiert. Feucht halten und Flüssigdünger geben, um zügiges Wachstum anzuregen. Gekräftigte Jungpflanzen werden eingetopft. Frostempfindliche Arten pflanzt man erst im Spätfrühling oder Frühsommer aus, wenn kein Nachtfrost mehr droht. Viele winterharte Einjährige können Sie direkt an Ort und Stelle aussäen.

Rosen für den Schatten

Die zahlreichen Rosensorten verdanken wir Jahrhunderte langer Züchtung. Einige besitzen, genetisch bedingt, eine gewisse Schattenverträglichkeit. Doch vollen Schatten mag keine Rosensorte.

Rambler Eine klare Grenze zwischen Rambler- und Kletterrosen lässt sich kaum ziehen. Selbst erfahrenen Gärtnern fällt die Unterscheidung oft schwer. Rambler sind vorwiegend starkwüchsige Sorten mit stacheligen, überhängenden Trieben. Die Blüten sind meist klein, erscheinen aber in großen Büscheln. Rambler blühen meist nur einmal, dann aber überreich. Man kann sie an einer Mauer oder einem Spalier ziehen. Viele Arten werden aber im Spätsommer von Mehltau befallen. Sie sehen fantastisch aus, wenn man sie ungezähmt in einen alten Baum klettern lässt.

- *Rosa* 'Albéric Barbier'
- *Rosa* 'Crimson Shower'
- *Rosa* 'Mme Plantier'
- *Rosa* 'Rambling Rector'
- *Rosa* 'Seagull' (rechts)
- *Rosa* 'Veilchenblau' (unten)
- *Rosa* 'Wedding Day'

Kletterrosen Zu dieser Gruppe gehören die öfter- und dauerblühenden Rosen. Manche sind wüchsig wie Rambler, andere bleiben kleiner. Man kann sie an einer Wand, einem Zaun oder einer Pergola ziehen.

- *Rosa* 'Danse du Feu'
- *Rosa* 'Golden Showers'
- *Rosa* 'Laura Ford' (min.)
- *Rosa* 'Maigold' (unten)
- *Rosa* 'Mme Alfred Carrière'
- *Rosa* 'Mermaid'
- *Rosa* 'New Dawn'

Strauchrosen Es lohnt sich, es im Schatten mit robusten Strauchrosen zu probieren. Allerdings strecken sich manche zum Licht und gebärden sich wie Kletterrosen. Gibt man ihnen eine Stütze, ist das kein Problem.

- *Rosa* 'Agnes'
- *Rosa* 'Ballerina' (unten)
- *Rosa* 'Blanche Double de Coubert'
- *Rosa* 'Félicité Perpétue' (rechts)
- *Rosa* 'Frühlingsmorgen'
- *Rosa* 'White Pet'

Jahreszeitenplaner

Diese Übersicht ist hilfreich bei der Pflanzenwahl, damit rund ums Jahr auch die Schattenplätze reizvoll aussehen. Viele der hier genannten Arten werden ab Seite 122 noch einmal genauer beschrieben. Dort finden Sie auch Pflegetipps.

Winter

Wenn es im Garten still wird, fallen attraktive Pflanzen umso mehr ins Auge.

Immergrüne Bäume und Sträucher
Gehölze zeigen ganzjährig starke Präsenz. Vor allem Immergrüne (oft mit buntem Laub) stehen für Beständigkeit. Tipp: *Euonymus fortunei, Ilex crenata, Trachycarpus fortunei.*

Stämme und Rinde
Manche Bäume und Sträucher haben Zierwert, weil ihre kahlen Äste im Winter interessant aussehen. Am schönsten wirken sie im Licht der Wintersonne, doch im Sommer vertragen viele auch Schatten. Tipp: *Betula, Cornus, Salix.*

Blüten im Winter
Einige Schattenpflanzen blühen im Winter und duften oft intensiv, um die wenigen vorhandenen Insekten anzulocken. Viele Stauden legen aber eine Winterruhe ein. Tipp: *Crocus tommasinianus, Cyclamen, Helleborus, Sarcococca, Vinca, Viola.*

Frühling

Wenn die Pflanzen aus dem Winterschlaf erwachen, beginnt vielleicht die schönste Jahreszeit im Garten.

Zwiebeln und Knollen
Zwiebelblumen gehören zu den wertvollsten Gartenpflanzen. Vor allem in großen Gruppen oder verwildert im Rasen sind sie unübertrefflich. Tipp: *Anemone blanda, Crocus, Hyacinthoides non-scripta, Narcissus, Tulipa*-Wildarten.

Sträucher und Stauden
Die meisten winterharten Sträucher blühen in der ersten Jahreshälfte und viele gedeihen gut im Schatten. Zu ihren Füßen treiben Stauden im Frühling aus. Tipp: *Bergenia, Dicentra, Euphorbia amygdaloides, Geranium, Paeonia, Rhododendron, Viburnum.*

Blühende Kletterpflanzen
Etliche Waldreben (*Clematis*) blühen im Frühling. Danach folgen andere winterharte Kletterpflanzen. Tipp: *Clematis alpina, C. macropetala, C. montana, Wisteria sinensis.*

Manche immergrünen Sträucher blühen im Spätwinter. Die gelben Blüten der Mahonie haben zudem einen kräftigen Duft.

Lenzrosen und Narzissen bringen im ausgehenden Winter Farbe in den Garten.

Sommer

Zu dieser Jahreszeit grünt, blüht und duftet es im ganzen Garten – auch an den schattigen Plätzen.

Hochblüte
Neben den Einjährigen blühen im Sommer viele Kletterpflanzen, Stauden und Zwiebelblumen. Auch die Rosen zeigen sich in voller Pracht und einige erfüllen den Garten mit Duft. Tipp: *Aconitum, Begonia, Crocosmia, Digitalis, Hemerocallis, Hydrangea, Impatiens, Lilium, Lobelia, Melittis, Nicotiana, Rosa.*

Kühles Laub
Bei einigen Stauden und anderen Pflanzen ist das Laub ebenso wertvoll wie die Blüte. Solche Arten sehen über Wochen reizvoll aus und bilden einen guten Kontrast zu den Blüten. Tipp: *Darmera,* x *Fatshedera lizei, Hedera, Hosta, Lamium, Paeonia,* Farne, Bambus und Seggen (*Carex*).

Nasenschmeichler
Viele Sommerblumen haben einen schönen Duft, der in der leicht feuchten Luft im Schatten nicht so schnell verfliegt. Wie wäre ein Sitzplatz inmitten solcher Duftwolken? Tipp: *Hemerocallis, Hesperis matronalis, Hosta, Jasminum, Lonicera, Nicotiana.*

Herbst

Diese manchmal kurze Gartensaison ist eine Zeit großer Veränderung und der spektakulären, aber kurzen Farbspiele. Es ist die Zeit der Früchte und der Laubfärbung. Doch wenn man Einjährige und Rosen im Sommer regelmäßig ausgeputzt hat, bilden viele noch bis zum ersten Frost unermüdlich Blüten.

Blattfärbung
Viele Pflanzen mit attraktiver Herbstfärbung gedeihen am besten in der Sonne, doch es gibt Ausnahmen: *Acer japonicum, A. palmatum, Geranium, Hosta, Rodgersia.*

Herbstblüten
Blumen, die um diese Jahreszeit blühen, sind selten und kostbar. Damit sie sich von der besten Seite zeigen, brauchen sie einen geschützten Platz. Tipp: *Actaea (Cimicifuga), Anemone hupehensis, Colchicum speciosum, Fuchsia magellanica, Kirengeshoma, Veronicastrum virginicum.*

Beerenschmuck
Beeren sind nicht nur hübsche Farbtupfer im Herbstgarten, sie liefern auch einheimischen Vögeln wertvolle Nahrung. Tipp: *Actaea rubra, Berberis darwinii, Hypericum, Rosa rugosa, Viburnum davidii.*

Der einjährige Zier-Tabak (*Nicotiana*) mit seinen stark duftenden Blüten bevorzugt einen Platz im lichten Schatten.

Japanischer Fächer-Ahorn (*Acer palmatum*) entwickelt sogar im Schatten eine hinreißende Herbstfärbung.

Einfach anfangen

Im folgenden Kapitel finden Besitzer eines Schattengartens wertvolle Gestaltungstipps für verschiedene Jahreszeiten. Schritt für Schritt wird erklärt, wie man ein Schattenbeet bepflanzt, einen kühlen Steingarten anlegt oder ein Wasserspiel baut. Natürlich können Sie schattige Höfe und Terrassen auch mit bunt blühenden Kübelpflanzen beleben oder Wände und Mauern mit Ampeln und Blumenkästen schmücken, damit der Blick in die Höhe wandert.

Ein Schattenbeet anlegen

Besonders pflegeleicht ist eine Mischung aus Stauden und Sträuchern. Ein Rhododendron gibt dem Beet mit saurem Boden Struktur und blüht im Frühling mit *Dicentra, Ajuga* und *Geranium.*

Gewusst wie

Nach dem Einpflanzen des Strauchs den Boden um den Wurzelballen festtreten, um Hohlräume zu vermeiden.

1 Vor der Pflanzung den Boden umgraben und alles Unkraut entfernen. Reichlich organische Substanz unterarbeiten, z. B. verrotteten Stallmist, Laub- oder Gartenkompost. In schweren Boden zusätzlich Feinkies untermischen.

2 Langzeitdünger auf dem Beet verteilen, um die Pflanzen in ihrer ersten Wachstumsperiode gut zu versorgen. Der Dünger gibt seine Nährstoffe allmählich an die Pflanzen ab. Leicht in den Boden einharken.

3 Die Pflanzen noch im Topf auf dem Beet ausstellen und die beste Anordnung ausprobieren. Für eine gute Wirkung wird eng gepflanzt. Stauden, die mehr Platz brauchen, lassen sich im Frühling oder Herbst teilen.

4 Die Pflanzen so tief einsetzen, wie sie zuvor im Topf standen. Die Pflanzlochtiefe prüfen, indem man einen Stab über den Rand legt. Das Pflanzloch mit Erde auffüllen, gut angießen und im Sommer regelmäßig wässern.

Eine Clematis pflanzen

Clematis haben es gern, wenn ihre Wurzeln im Schatten liegen. Diese Sorte bildet einen schönen Kontrast zur Kletter-Hortensie, die ebenfalls Schatten liebt.

1 Den Boden zunächst vorbereiten (*siehe S. 59*). Ein tiefes Pflanzloch graben, in dem die Wurzeln es kühl haben, und etwas gut verrotteten Kompost auf den Grund geben. Weiteren Kompost unter die Aushuberde mischen.

2 Die Pflanze samt Topf ins Loch stellen und mithilfe eines Stabs die Tiefe prüfen. Es muss tiefer sein als der Topf, denn Clematis danken es, wenn auch die unteren 5–7 cm der Triebe unter der Erdoberfläche liegen.

3 Die Pflanze aus den Topf nehmen und den Wurzelballen vorsichtig lockern, damit die Pflanze zügig anwächst. Ins Pflanzloch setzen, einen Stab dazu stecken und schräg an die Stütze lehnen. Das Pflanzloch wieder füllen.

4 Den Haupttrieb locker mit Gärtnerbast oder kunststoffummanteltem Draht fixieren. Vorsicht: Clematis-Triebe brechen leicht. Falls vor der Pflanzung nicht gedüngt wurde, nun etwas Langzeitdünger ringsum einharken.

Ein schattiger Steingarten

Manche Schattenpflanzen lieben die kühlen Bedingungen und die gute Dränage eines Steingartens. Bei der Auswahl sollte man bedenken, dass viele geeignete Arten im Frühling blühen.

1 Den Boden umgraben und alle Pflanzenteile von Wurzel-unkräutern sehr sorgfältig entfernen. Schweren Boden mit reichlich Feinkies auflockern. Falls das Beet nicht an einem Hang liegt, einen kleinen Wall aufwerfen.

2 Nun Steine in den Boden einbetten – größere unten, kleinere weiter oben. Die Steine sollten zu einem Drittel im Boden liegen, ihre Vorderkante steht leicht nach oben geneigt, damit Regenwasser in Richtung Wurzelraum sickert.

3 Die Pflanzen in die Lücken zwischen den Steinen pflanzen. Empfehlenswert ist eine Mischung aus Bodendeckern (wie hier Immergrün), Zwiebelblumen, kleinen Stauden wie Farnen und Funkien sowie Efeu und Zwerg-Koniferen.

4 Die Pflanzen aus den Töpfen nehmen und an ihre Plätze setzen. Eventuell ist es dabei erforderlich, die Position einiger Steine zu korrigieren. Die Pflanzen regelmäßig gießen, bis sie sicher angewachsen sind.

Ein kleines Wasserspiel

Damit ein Gartenteich Tiere anlockt, muss er in der Sonne liegen. Doch die Menschen, die den Garten benutzen, haben auch Freude an einem Wasserspeier am Haus oder in einem schattigen Gartenhof.

1 Latten mit Holzschutzmittel behandeln und mit langen Schrauben an der Wand befestigen. An ihnen wird das Spalier montiert, das den Wasserschlauch verdeckt. Die Latten müssen senkrecht sitzen, damit das Spalier gut passt.

2 Sie können das Spalier unbehandelt anbringen oder passend zu anderen Elementen im Garten streichen, um einen farblichen Zusammenklang herzustellen. Neutrale oder helle Farben sehen im Schatten am besten aus.

3 Das Spalier an die Latten schrauben, dann den Wasserspeier anbringen. Dafür eignet sich eine lange Schraube, die in die Wand hinter dem Spalier festgedübelt wird. Es gibt Wasserspeier aus Stein, Ton, Glasfaser oder Kunstharz.

4 Stimmen die Durchmesser von Pumpenschlauch und Durchlass des Wasserspeiers nicht überein, kann man sie mit einem Reduzierstück verbinden. Die Ansatzstelle mit Silikon abdichten und trocknen lassen.

Ein kleines Wasserspiel *Fortsetzung*

5 Den Schlauch durch das Spalier stecken, dahinter in die Höhe schieben und an den Wasserspeier anschließen (auf guten Sitz achten). Vor das Spalier ein wasserdichtes Fass oder ein anderes geeignetes Behältnis stellen.

6 Das freie Ende des Schlauchs an die Pumpe anschließen. Die Pumpe muss stark genug sein, um das Wasser bis in die Höhe des Wasserspeiers zu befördern. Einen Ziegelstein auf den Beckengrund stellen und die Pumpe darauf setzen.

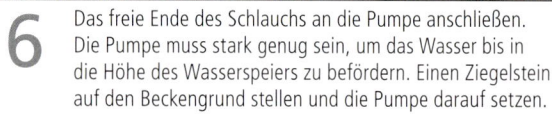

7 Pflanzen werden in speziellen Pflanzkörben mit sandigem Substrat ins Wasser gesetzt. Topferde enthält zu viele Nährstoffe, die das Algenwachstum beschleunigen. Gartenerde eignet sich nur, wenn sie frei von Kompost ist.

8 Die Substratoberfläche wird mit grobem Kies oder kleinen Steinchen abgedeckt. Dies verhindert, dass das Substrat aufschwimmt und das Wasser verunreinigt.

Gewusst wie

Damit die Pflanzen nicht zu tief im Wasser stehen, Ziegelsteine auf den Beckengrund legen und die Körbe darauf stellen.

9 Die Pflanzen langsam ins Becken senken und das Wasser durch die Öffnungen in den Korbseiten allmählich ins Substrat dringen lassen. Wenn die Anordnung der Pflanzen stimmt, die Pumpe einschalten.

Ein Kübel mit Dauerbepflanzung

Ein Baum oder Strauch in einem Kübel
sieht zu allen Jahreszeiten gut aus.
Im Sommer bildet er einen ruhigen
Gegenpol zu bunt blühenden Kübeln in
anderen Gartenbereichen.

Gewusst wie

Eine Dränageschicht aus grobem
Kies am Topfgrund verhindert
Staunässe. Bei zu viel Feuchtig-
keit faulen die Wurzeln.

1 Das Abzugsloch im Kübelboden mit Scherben von alten Blumentöpfen abdecken. Eine Schicht Kiesel gibt dem Kübel mehr Standfestigkeit. Wenn das Gewicht eine Rolle spielt, können Sie auch Styroporchips verwenden.

2 Pflanzsubstrat in den Kübel füllen. Für eine langfristige Bepflanzung empfiehlt sich hochwertige Topfpflanzenerde, die für eine gute Wasserführung unbedingt einen Tonanteil enthalten soll. Etwas Langzeitdünger untermischen.

3 Die Pflanze aus dem Topf nehmen und die Pflanztiefe prüfen. Rechnen Sie dabei einen Gießrand von gut 2 cm Höhe ein. Den Wurzelballen vorsichtig von unten her mit den Fingern auflockern.

4 Rings um den Wurzelballen Erde einfüllen. Pflanze und Substrat mit den Fingern gut andrücken, dann angießen. Im Frühling und Sommer regelmäßig gießen. Eine Schicht Kies auf der Substratoberfläche senkt die Verdunstung.

Einen Kübel mit Sommerblumen

Auf engem Raum können mehrere große Kübel mit Sommerblumen bezaubernd aussehen. Hier wurde violettes Heliotrop mit *Nemesia*, Fleißigem Lieschen und immergrüner Buntnessel kombiniert.

1 Tonscherben auf den Kübelboden legen und Substrat einfüllen. Um die Häufigkeit der Wassergaben zu reduzieren, Gelkristalle im vom Hersteller angegebenen Mengenverhältnis unter das Substrat mischen.

2 Bis zur erforderlichen Höhe Substrat einfüllen, dann die Pflanzen anordnen. Beim Berechnen der Pflanztiefe darauf achten, dass ein 2 cm hoher Gießrand verbleiben muss.

3 Die Pflanzen vorsichtig aus den Töpfen nehmen und im Pflanzgefäß anordnen. Um die Zwischenräume zu füllen, Substrat zwischen den Fingern zerkrümeln. Ballen und Erde etwas andrücken.

4 Kräftig angießen. Danach braucht der Kübel täglich – bei Hitze vielleicht zweimal pro Tag – Wasser. Entweder Langzeitdünger unter das Substrat mischen oder einmal pro Woche kalibetonten Flüssigdünger ins Gießwasser geben.

Einen Hängekorb bepflanzen

Eine Ampel bringt Farbe selbst im tiefen Schatten. Normalerweise befestigt man Hängekörbe mit Hilfe von Winkeln an Mauern. Man kann sie aber auch an einem Baumast aufhängen.

1 Pflanzkörbe für Ampeln gibt es in vielen Formen und Größen. Das Bepflanzen ist am einfachsten, wenn man den Korb in einen Eimer oder großen Blumenkübel stellt, damit er nicht umkippen kann.

2 Den Korb mit Moos oder – wie hier – mit einem Kokosfaser-Produkt auslegen. Haben Sie eine bereits fertig ausgelegte Ampel gekauft, fahren Sie mit Schritt 4 fort.

3 Damit Substrat und Wasser im Korb bleiben, wird er mit schwarzer Folie ausgekleidet. Dafür eignet sich ein leerer Erdbeutel. Passend zurechtstutzen und an der tiefsten Stelle ein Dränageloch einschneiden.

4 Auf den Grund des Korbs etwas Substrat geben. Es gibt Spezialerden für Ampeln, ebenso gut eignen sich Torf-kultursubstrate mit Tonbeimischung oder torffreie Erden. Gartenerde ist zu schwer für Ampeln.

Einen Hängekorb bepflanzen *Fortsetzung*

5 Damit die Ampel nicht zu schwer wird, einige Hand voll Perlite oder Vermiculit untermischen. Gleichzeitig können Sie Wasser speichernde Gelkristalle und Langzeitdünger für Blütenpflanzen zugeben.

6 Mit einem scharfen Messer seitlich Schlitze in die Folie schneiden. Die Wurzelballen vorsichtig durch die Schlitze schieben und gut im Substrat andrücken. Hier werden Fleißige Lieschen (*Impatiens*) und Efeu gepflanzt.

7 Weitere Pflanzen von den Seiten einsetzen. Falls die Ampel tief genug ist, oben eine größere Pflanze als Blickfang verwenden. Eine gute Wahl wäre eine hängende Fuchsie, die Schatten gut verträgt.

8 Lücken in den Seiten mit weiteren Pflanzen füllen. Je dichter die Ampel bepflanzt ist, desto schöner wirkt sie. Natürlich müssen so viele Pflanzen während der Wachstumszeit reichlich gegossen und gedüngt werden.

9   Die fertig bepflanzte Ampel kräftig gießen. Danach braucht sie tägliche Wassergaben, bei Hitze müssen Sie sogar zweimal täglich gießen. Die Pflanzen werden die Mühe mit gutem Wachstum und reicher Blüte danken.

Einen Blumenkasten bepflanzen

Sogar ein Fenstersims im düstersten Schatten lässt sich mit gut gewählten Pflanzen beleben. Hier wurden Arten gewählt, die im Sommer in kräftigen Farben leuchten.

1 Wasserabzugslöcher in den Kastenboden bohren. Die Löcher mit Tonscherben oder Feinkies bedecken, etwas Substrat darauf verteilen. Jetzt können Sie Wasser speicherndes Gel oder Langzeitdünger zugeben.

2 Die Pflanzen aus den Töpfen nehmen und auf die Substratoberfläche setzen. Beim Abschätzen der richtigen Pflanztiefe müssen Sie einen etwa 2 cm hohen Gießrand berücksichtigen.

3 Die Zwischenräume mit Substrat auffüllen. Den Kasten an seinen Platz stellen und gut gießen. Den ganzen Sommer über regelmäßig gießen. Verwelkte Blüten ausputzen, damit sich ständig neue Knospen bilden.

Lilien im Pflanzgefäß

Solche Lilien blühen in der Sonne, darum steht der Kübel zunächst an einem sonnigen Platz. Wenn sich die Knospen öffnen, zieht der Topf in den Schatten um. Dort halten die Blüten länger. Häufiges Gießen fördert die Knospenbildung.

1 Lilienknollen setzt man im Frühling in einen großen Kübel: Sie müssen mindestens 15–20 cm unter der Erdoberfläche eingebracht werden. Den Kübelboden mit Tonscherben oder Kies bedecken und etwas Substrat einfüllen.

2 Wie fast alle Zwiebelblumen und Knollenpflanzen brauchen Lilien eine gute Dränage, darum folgt nun eine 2,5 cm dicke Schicht Gartenkies. Er darf aber keinen Kalk enthalten, denn den vertragen Lilien nicht.

3 Die Knollen, die aus schuppenförmigen Segmenten bestehen, auf dem Kies auf die Seite legen, damit kein Wasser zwischen die Schuppen dringt und Fäulnis verursacht. Die Blüte wird dadurch nicht beeinträchtigt.

4 Substrat möglichst mit Perlite oder Vermiculit (oder mit beidem) vermischen. Das Pflanzgefäß auffüllen und dabei einen 2 cm hohen Gießrand frei lassen. Mit einer Schicht Feinkies abdecken.

Jungpflanzen für Schattenplätze

Viele Einjährige sind leicht aus Samen zu ziehen. Begonien und Fleißige Lieschen bilden dabei eine Ausnahme, weil sie spezielle Bedingungen benötigen. Sie kauft man besser als Jungpflanzen.

1 Gut entwickelte Jungpflanzen werden im Frühjahr in Schalen angeboten. Sie sind preiswerter als größere Pflanzen in Einzeltöpfen. Fragen Sie im Gartencenter nach oder bestellen Sie Jungpflanzen bei einem Versandhändler.

2 Einige größere Schalen oder Töpfe für die Weiterkultur vorbereiten. Die Jungpflanzen kräftig gießen und vorsichtig mit dem Ende eines Bleistifts oder einem Pikierstab aus den Zellen der Anzuchteinheit drücken.

3 Die größeren Töpfe oder Module mit Substrat füllen. Jeweils in die Mitte mit dem Finger oder einem Pikierstab ein Loch drücken und ein Pflänzchen einsetzen. Das Substrat ringsum nur ganz leicht andrücken.

4 Die Pflänzchen vorsichtig mit sanftem Strahl gießen und an einen geschützten, schattigen, frostfreien Platz stellen. Wenn die Wurzeln die Zelle ausfüllen, kann man nach den Eisheiligen ins Beet oder in Kübel umpflanzen.

Gestaltungs-ideen

Wählen Sie hier aus einer Vielzahl von Kombinationen diejenigen aus, die für Ihren Schattengarten passen. Einkaufslisten mit geeigneten Arten und Sorten erleichtern die Gestaltung attraktiver Beete. Die folgenden Symbole zeigen die besonderen Ansprüche jeder einzelnen Pflanze bzw. ihren gärtnerischen Wert.

Erklärung der Symbole

♚   Ausgezeichnet mit dem »Award of Garden Merit« der Royal Horticultural Society

Ansprüche an den Boden

◊   Gut durchlässiger Boden

◗   Frischer Boden

◆   Feuchter Boden

Bevorzugte Lichtverhältnisse, Lage

☼   Halbschatten oder gesprenkeltes Sonnenlicht

☀   Schatten

Frosthärte

✻✻✻   Völlig winterhart

✻✻   Kann in milden Regionen oder an geschützten Plätzen im Freien überwintern

✻   Braucht im Winter Schutz

❀   Verträgt keinen Frost

Frühlingsbeet

Der Star ist hier die Lenzrose (*Helleborus orientalis*), eine stattliche immergrüne Staude mit Blüten in Weiß, Creme, mattem Rot oder Violett, oft mit interessanter Sprenkelung. Zu ihren Füßen breiten sich die braun-violett glänzenden Blätter des Purpurglöckchens (*Heuchera*) aus. Im Hintergrund leuchten gelbe Narzissen, denen Schatten im Sommer nichts ausmacht. Stiefmütterchen und Primeln werden wie Einjährige behandelt und ermöglichen jedes Jahr eine neue Farbkombination.

Helleborus orientalis
❄❄❄ ◗ ☀

Narcissus 'February Gold'
❄❄❄ ◗ ◊ ☀ 🏆

Kurz gefasst

Größe 1x1 m, für größere Beete die Zahl der Pflanzen erhöhen

Eignung Naturnahes Schattenbeet

Boden Humusreich, keine Staunässe

Lage Kühl, lichter Schatten

Einkaufsliste

- 3 x *Helleborus orientalis*
- 5 x *Narcissus* 'February Gold'
- 3 x *Viola* 'Yellow Frost'
- 3 x *Primula vulgaris*
- 2 x *Heuchera* 'Amethyst Myst'

Viola 'Yellow Frost'
❄❄❄ ◗ ☀ 🏆

Pflanzung und Pflege

Das Beet umgraben, Steine und Unkraut entfernen. Humus, Kompost oder eine Hand voll Langzeitdünger untermischen. Bei schweren Böden einen Eimer voll Gartenkies einarbeiten, um die Wasserführung zu verbessern. Stauden pflanzt man zeitig im Frühling, Zwiebeln werden meist im Herbst gesteckt. Man kann Zwiebelblumen auch kurz vor dem Aufblühen käuflich erwerben. Lücken im Beet kann man mit Stiefmütterchen und Primeln füllen, die im Frühling für wenig Geld zu haben sind.

In der Anwachsphase regelmäßig gießen. Das ist besonders wichtig, wenn sie im Regenschatten einer Mauer, eines Zauns oder einer großen Pflanze stehen. Welke Blüten regelmäßig ausputzen.

Primula vulgaris
❄❄❄ ◗ ☀ 🏆

Heuchera 'Amethyst Myst'
❄❄❄ ◗ ◊ ☀

Sommerbeet in Pastell

Viele Sommerstauden blühen in voller Sonne am schönsten. Man kann sie in den Schatten pflanzen, muss dann aber akzeptieren, dass sie eher zurückhaltend blühen, statt ein Farbenmeer zu bilden. Hier bilden kühle Blautöne, Rosa und Mauve ein harmonisches Ensemble mit Lungenkraut, dessen geschecktes Laub im Schatten wie Antiksilber schimmert. All diese Pflanzen decken den Boden gut ab.

Kurz gefasst

Größe 2x2 m

Eignung Naturnahe Beete und Hochbeete

Boden Gut durchlässig

Lage Lichter Halbschatten

Einkaufsliste

- 3 x *Campanula poscharskyana*
- 3 x *Geranium* 'Blue Sunrise'
- 3 x *Phuopsis stylosa*
- 3 x *Pulmonaria* 'Diana Clare'

Pflanzung und Pflege

Neue Beete legt man am besten im Frühling oder Herbst an, aber Stauden kann man noch im Frühsommer pflanzen, wenn der Boden feucht ist und sich bearbeiten lässt. Die hier gewählten Arten brauchen keinen fruchtbaren Boden. Bei schlechter Dränage sollten Sie aber Splitt oder Kies untermischen, damit der Boden lockerer wird.

Je nach Beetgröße setzt man die Pflanzen in Dreier- oder Fünfergruppen, mit ausreichend Platz zum Ausbreiten. Glockenblume und *Phuopsis* eignen sich gut für die Beetkante, damit die langen Triebe kaskadenartig herabhängen. Wer eine Trockenmauer hat (*großes Foto*), kann Lücken mit sandigem Substrat füllen und Glockenblumen hineinsetzen.

Die Pflanzen in der Anfangszeit gut wässern. Sind sie nach einigen Jahren zu groß geworden, sollten sie im Frühling oder Herbst ausgegraben und geteilt werden.

Campanula poscharskyana
❄❄❄ ○ ☼ ☀

Geranium 'Blue Sunrise'
❄❄❄ ◐ ○ ☼ ☀ ♈

Phuopsis stylosa
❄❄❄ ◐ ○ ☼ ☀

Pulmonaria 'Diana Clare'
❄❄❄ ◐ ☼ ☀

Flammendes Winterbeet

Erstaunlich, wie viele Pflanzen im Winter interessant aussehen. Blätter, Zweige und Früchte können ebenso schön wie Blüten sein. Hier erheben sich Kopf-Weiden (*Salix*) über einem Teppich aus Elfenblumen und Schneeglöckchen. Hartriegel (*Cornus*), der regelmäßig geschnitten wird, bildet eine lichte Wand aus korallenroten Trieben. Elfenblumen blühen im Frühling und ihr Laub tönt sich bei Frost bronzebraun. Schneeglöckchen-Hybriden haben größere Blüten als die einfache Art.

Kurz gefasst

Größe 3x3 m

Eignung Mittelgroßer, naturnaher Garten

Boden Feucht, aber gut durchlässig

Lage Halbschatten, offene Lage

Einkaufsliste

- 5 x *Epimedium x perralchicum*
- 2 x *Salix alba* var. *vitellina* 'Britzensis'
- 3 x *Cornus alba* 'Sibirica'
- 30 x *Galanthus* 'S. Arnott'

Pflanzung und Pflege

Den Boden tiefgründig lockern. Zuerst Hartriegel und Weide pflanzen, dabei unter den Aushub reichlich gut verrotteten Kompost geben. Elfenblumen im Frühling oder Herbst mit ausreichend Abstand pflanzen – sie werden sich kräftig ausbreiten. Schneeglöckchen setzt man während des aktiven Wachstums im zeitigen Frühling.

Die Weide muss zunächst ihren Stamm entwickeln. Im Spätwinter schneidet man alle Triebe bis zur gewünschten Stammhöhe zurück. Später in Ein- bis Zweijahresintervallen – wiederum im Spätwinter – die älteren Triebe ausschneiden. Den Hartriegel kappt man jedes Jahr im Spätwinter knapp über dem Boden. Im März entfernt man das alte Laub der Elfenblumen, damit die Knospen sichtbar werden. Große dichte Schneeglöckchen-Horste nach der Blüte ausgraben und teilen.

Epimedium
❀❀❀ ◐ ○ ☼ ♈

Salix alba var. *vitellina* 'Britzensis'
❀❀❀ ◐ ○ ☼ ♈

Cornus alba 'Sibirica'
❀❀❀ ○ ☼ ♈

Galanthus 'S. Arnott'
❀❀❀ ◐ ○ ☼ ♈

Garten im japanischen Stil

Zahlreiche Schatten liebende Pflanzen kommen aus Japan. Sie bieten sich zur Gestaltung eines stillen Zen-Gartens an. Der Fächer-Ahorn (*Acer palmatum*) im Hintergrund wirft Schatten auf die Funkien und die anderen Stauden, die die Wurzeln gern in kühlen Boden stecken. Für tiefen Schatten eignen sich grünblättrige Sorten, buntlaubige brauchen etwas mehr Licht.

Kurz gefasst

Größe 3x3 m

Eignung Ummauerter Garten oder Gartenhof

Boden Feucht, aber nicht staunass

Lage Halbschatten bis voller Schatten

Einkaufsliste

- 1 x *Acer palmatum* oder *A. japonicum* cultivar
- 2 x *Hosta tokudama* fo. *flavocircinalis*
- 1 x *Hosta sieboldiana*
- 3 x *Heucherella*
- 3 x *Hakonechloa macra*
- 3 x *Lysimachia nummularia* 'Aurea'

Pflanzung und Pflege

Die größte Investition stellt der Baum dar. Sie können aus einem umfangreichen Sortiment eine geeignete Sorte des Japanischen Fächer-Ahorns wählen.

Gepflanzt wird im Frühling oder Herbst. Einige Wochen zuvor gut verrotteten Kompost einmischen. Für den Baum ein großes Loch ausheben und darauf achten, dass der Ballen leicht über der Erdoberfläche steht. Den Baum stützen, um Schäden durch Wind zu vermeiden. Die Steine verteilen, dann die Stauden pflanzen. *Hosta* und andere Pflanzen mit panaschiertem Laub brauchen etwas Sonne, dürfen also nicht unter der Baumkrone stehen. Rindenmulch oder Kies verteilen. Im ersten Jahr häufig gießen. Die Steine mit Jogurt bestreichen, um die Ansiedlung von Moosen zu beschleunigen.

Acer palmatum
❀❀❀ ◐ ◌ ☀

Hosta tokudama fo. *flavocircinalis*
❀❀❀ ◐ ◌ ☀

Hosta sieboldiana
❀❀❀ ◐ ◌ ☀ ☀

Heucherella
❀❀❀ ◐ ◌ ☀ ☀

Hakonechloa macra
❀❀❀ ◐ ◌ ☀

Lysimachia nummularia 'Aurea'
❀❀❀ ◐ ◌ ☀ ♆

Ein Beet auf feuchtem Boden

Ein Vorteil von Schattenlagen ist, dass der Boden langsamer austrocknet als in der Sonne. Viele Pflanzen danken das durch üppiges Wachstum auf engem Raum, sofern sie stets genug Feuchtigkeit haben. Dieses Beet mit recht durstigen Pflanzen steht im Spätfrühling in voller Blüte. Etagen-Primeln blühen im Halbschatten, Funkien (*Hosta*) entwickeln in dauerfeuchtem Boden besonders schönes Laub. Im Sommer bilden die weiß gerandeten Blätter zwischen dem ansonsten ruhigen Grün einen dezenten Blickfang.

Kurz gefasst

Größe 3x3 m

Eignung Sumpfbeet, Teich- oder Bachufer

Boden Schwer, hohes Wasserhaltevermögen

Lage Lichter Schatten

Einkaufsliste

- 1 x *Viburnum plicatum* fo. *tomentosum* 'Mariesii'
- 3–5 x *Primula japonica*
- 1 x *Hosta* 'Francee'
- 3–5 x *Digitalis purpurea* 'Alba'

Pflanzung und Pflege

Das Beet wird zwischen Frühling und Herbst angelegt, wenn der Boden weder zu trocken noch zu nass ist. Gut verrotteten Kompost einmischen und Unkraut entfernen. Bei schwerem Tonboden Feinkies untergraben, um die Wasserführung zu verbessern. Die meisten feuchten Böden sind von Natur aus nährstoffreich, darum ist eine Düngung nicht notwendig.

Beim Pflanzen setzt man normalerweise höhere Gewächse wie den Fingerhut (*Digitalis*) nach hinten – Abweichungen sind erlaubt. Wenn Primeln und Fingerhut verblüht sind, die Stiele am Boden abschneiden. Primeln und andere Stauden jeweils im Abstand von einigen Jahren nach der Blüte oder zeitig im folgenden Frühling teilen.

Vibernum plicatum fo. *tomentosum* 'Mariesii' ❀❀❀ ◐ ◇ ☀ ♈

Primula japonica ❀❀❀ ◐ ◇ ☀

Digitalis purpurea 'Alba' ❀❀❀ ◐ ◇ ☀

Hosta 'Francee' ❀❀❀ ◐ ◇ ☀ ♈

Alternativer Pflanzvorschlag

Primula beesiana ❀❀❀ ◐ ◇ ☀

Efeu-Amphore

Efeu (*Hedera*) bietet sich für schattige Winkel an. Und glauben Sie nicht, dass er langweilig aussehen muss. Tatsächlich gibt es unzählige Sorten dieser unterschätzten Gattung mit einer erstaunlichen Vielfalt an Blattformen und -farben. Überzeugen Sie sich selbst in gut sortierten Baumschulen. Efeu eignet sich als Bodendecker, zum Begrünen von hässlichen Mauern, Zäunen und Schuppen, aber auch als Hängepflanze für Kübel, Ampeln und Kästen. Hier geben sich verschiedene Arten im Schatten unter Bäumen ein Stelldichein.

Kurz gefasst

Größe 1x2 m

Eignung Terrasse oder Gartenhof

Boden Gut durchlässig, leicht alkalisch

Lage Lichter bis tiefer Schatten

Einkaufsliste

- 1 x *Hedera helix* 'Harald'
- 1 x *Hedera cristata*
- 1 x *Hedera helix* 'Little Diamond'
- 1 x *Hedera helix* 'Goldchild'

Pflanzung und Pflege

Den Boden vorbereiten, Kompost und bei schlechter Dränage Gartenkies untergraben. Soll der Efeu den Boden bedecken, werden die Triebe mit Krampen befestigt. Sie bewurzeln dann im Kontakt mit dem Erdreich. Schwachwüchsige Efeu-Sorten gedeihen gut in Kübeln. Hier wurde ein Efeu in einen kleinen Kunststofftopf gepflanzt, der im Hals einer dekorativen Amphore steckt. Ans Substrat stellt der Efeu keine besonderen Ansprüche, er sollte aber bei der Pflanzung und später jährlich im Frühling mit Langzeitdünger versorgt werden. Im ersten Jahr nach der Pflanzung regelmäßig gießen, später in Trockenperioden wässern. Wenn die Pflanze eingewachsen ist, wird sie bei Bedarf im Frühling zurückgeschnitten. Ein zweiter Schnitt kann im Hochsommer erfolgen.

Hedera helix 'Harald'
❄❄❄ ◗ ◊ ☀ ◐

Hedera cristata
❄❄❄ ◗ ◊ ☀

Hedera helix 'Little Diamond'
❄❄❄ ◗ ◊ ☀ ◐

Hedera helix 'Goldchild'
❄❄❄ ◗ ◊ ☀ ◐ ♉

Erste Frühlingsboten im Kübel

Wenn der Winter gar kein Ende nehmen will, freut man sich an einem Kübel mit kleinen Sträuchern, zwischen denen die allerersten Frühlingsblüten für Farbe sorgen. Hier wurde eine Lavendelheide (*Pieris*) gewählt, deren junge Blatttriebe rötlich leuchten. Primeln und Mini-Narzissen kauft man am besten noch knospig als Topfpflanzen. Sie halten sich mehrere Wochen.

Kurz gefasst

Größe Fass mit 60 cm Durchmesser

Eignung Terrasse oder Gartenhof

Boden Saures Substrat für Moorbeet-pflanzen

Lage Lichter Schatten

Einkaufsliste

- 1 x *Vinca minor* 'Argenteovariegata'
- 4 x *Narcissus* 'Tête-à-tête'
- 1 x *Pieris* 'Flaming Silver'
- 3 x *Primula-Elatior*-Hybride

Pflanzung und Pflege

Der Kübel wird im ausgehenden Winter bepflanzt. Die Abzugslöcher deckt man mit Tonscherben ab und füllt darauf Substrat ein. *Pieris* verträgt keinen Kalk, daher muss saures Substrat verwendet werden (Moorbeetpflanzenerde). Wenn Sie einen anderen Strauch wählen, können Sie in gewöhnliche, tonhaltige Blumenerde pflanzen. Zuerst den Strauch pflanzen und dabei einen Gießrand von etwa 2 cm Höhe berücksichtigen. Die kleineren Pflanzen am Rand einsetzen, dann die Zwischenräume mit Substrat füllen. Gut angießen.

Welke Narzissen- und Primelblüten regelmäßig entfernen. Die Narzissenzwiebeln nach der Blüte ausgraben und in den Garten pflanzen. Im folgenden Herbst frische Zwiebeln in den Kübel setzen. Jährlich im Frühling Langzeitdünger in die Substratoberfläche einarbeiten.

Vinca minor 'Argenteovariegata'
❄❄❄ ◐ ◌ ☀ ♈

Narcissus 'Tête-à-tête'
❄❄❄ ◐ ◌ ☀ ♈

Pieris 'Flaming Silver'
❄❄❄ ◐ ◌ ☀ ♈

Primula-Elatior-Hybride
❄❄❄ ◐ ◌ ☀ ♈

Ensemble in Grün

Funkien sind sehr vielseitige Schattenpflanzen. Kleine Sorten eignen sich für
den Steingarten, großblättrige Sorten
sind üppige Bodendecker. Die Blattformen variieren von schmal und spitz
bis breit und rundlich. Die Bandbreite der
Farben reicht von frischem Gelbgrün bis
schwärzlichem Dunkelgrün, manche
Sorten haben dicke, bläulich bereifte
Blätter. Es gibt auch Sorten mit weiß,
gelb oder cremefarben gerandeten oder
gescheckten Blättern.

Kurz gefasst

Eignung Terrasse oder Gartenhof

Boden Durchlässiger Boden oder
Blumenerde mit Tonanteil

Lage Lichter bis tiefer Schatten

Einkaufsliste

- 1 x *Hosta* 'Ginko Craig'
- 1 x *Hosta* 'Francee'
- 1 x *Hosta* 'Wide Brim'
- 1 x *Hosta* 'Krossa Regal'
- 1 x *Hosta* 'August Moon'
- 1 x *Hosta* 'Fortunei Aurea'

Pflanzung und Pflege

Diese *Hosta*-Gruppe eignet sich für
mehrere Kübel oder ein schattiges Beet.
Bei Pflanzung im Beet zuerst reichlich gut
verrotteten Kompost untermengen. Für
Kübel empfiehlt sich eine hochwertige
Blumenerde. Wer ein erdeloses Substrat
verwenden möchte, muss stärker auf
Düngung und Bewässerung achten. Im
Frühling werden die Pflanzen mit
Volldünger versorgt.

Große alte Pflanzen im Frühling ausgraben
und teilen. Eventuell muss man den Ballen
mit einem scharfen Messer in »Tortenstü-
cke« schneiden. Gegen Schnecken, die
Funkien lieben, hilft Schneckenkorn oder
ein Kupferband um die Kübelränder. Sie
können die Schnecken auch von Hand
absammeln oder im Frühling mit dem
Gießwasser Nematoden aussetzen.

Hosta 'Ginko Craig'
❄❄❄ ◐ ◌ ☼

Hosta 'Francee'
❄❄❄ ◐ ◌ ☼ ☼ ♉

Hosta 'Wide Brim'
❄❄❄ ◐ ◌ ☼ ☀ ♉

Hosta 'Krossa Regal'
❄❄❄ ◐ ◌ ☼ ☀ ♉

Hosta 'August Moon'
❄❄❄ ◐ ◌ ☼ ♉

Hosta 'Fortunei Aurea'
❄❄❄ ◐ ◌ ☼ ♉

Sonnenfarben für Schattenplätze

Eine zierliche Fuchsie mit lindgrünen Blättern bildet das Zentrum der Bepflanzung. Taglilie und Pfennigkraut blühen im Sommer nur einige Wochen lang, aber Begonie, Lobelien und Fuchsie tragen bis in den Herbst Blüten. Manche Zimmerpflanzen verbringen den Sommer gern im Freien. Hier haben die Blätter einer Grünlilie dieselbe Form wie das schmale Laub der Taglilie.

Kurz gefasst

Größe 30-cm-Topf oder größer

Eignung Terrasse oder Gartenhof

Boden Tonhaltige Blumenerde

Lage Lichter Schatten

Einkaufsliste

- 1 x *Fuchsia* 'Genii'
- 2 x Knollen-Begonie
- 2 x *Hemerocallis* 'Stella d'Oro'
- 2 x *Chlorophytum comosum* 'Vittatum'
- 2 x *Lobelia erinus* 'Sapphire'
- 2 x *Lysimachia nummularia* 'Aurea'

Pflanzung und Pflege

Nach dem letzten Frost die Abzugslöcher am Topfboden mit Tonscherben bedecken und Substrat mit einem Zusatz von etwas Feinkies einfüllen. Die Pflanzen einsetzen, jene mit hängenden Trieben nahe am Rand platzieren, dabei einen Gießrand von 2 cm Höhe freilassen. Zwischen den Pflanzen Substrat einfüllen, dem etwas Langzeitdünger zugesetzt wurde. Gut angießen und künftig täglich wässern. Welke Blüten regelmäßig ausputzen, um die Neubildung von Knospen anzuregen. Im Herbst die Lobelien verwerfen, die Stauden und die Fuchsie in den Garten pflanzen und die Grünlilie ins Haus holen. Die Begonien-Stängel abschneiden, die Knollen trocknen lassen und den Winter über kühl, trocken und frostfrei lagern.

Fuchsia 'Genii'
❀❀❀ ◐ ◊ ☼ ♈

Knollen-Begonie
❀❀ ◊ ☼

Hemerocallis 'Stella d'Oro'
❀❀❀ ◐ ◊ ☼

Chlorophytum comosum 'Vittatum'
❀ ◐ ◊ ☼ ♈

Lobelia erinus 'Sapphire'
❀❀❀ ◐ ☼

Lysimachia nummularia 'Aurea'
❀❀❀ ◐ ◊ ☼ ♈

Farbenfrohes Gehölzbeet

Alle diese Sträucher gedeihen im Schatten, nur der Rhododendron braucht etwas Sonne (und sauren Boden), damit er reich blüht. Berberitze und Spindelstrauch entwickeln im Halbschatten die schönste Blattfärbung. Dadurch wirken sie auch außerhalb der Blütezeit attraktiv. Der Farn bildet einen frischen Kontrast. Eine solche Pflanzung erreicht erst nach drei oder mehr Jahren ihre ganze Schönheit, schenkt aber danach ohne viel Pflege jahrelang Freude.

Kurz gefasst

Größe 3x3 m. Bei kleineren Beeten einen Zwerg-Rhododendron verwenden und regelmäßig schneiden

Eignung Gehölzrand

Boden Sauer, gut durchlässig

Lage Lichter Schatten

Einkaufsliste

- 1 rosa blühender Rhododendron
- 3–5 x *Berberis thunbergii* 'Atropurpurea'
- 3–5 x *Euonymus fortunei* 'Emerald 'n' Gold'
- 3–5 x *Dryopteris affinis*

Pflanzung und Pflege

Gehölzbeete können im Frühling oder Herbst angelegt werden. In kalten Gegenden sollte man Immergrüne im Frühling pflanzen, weil dann weniger Gefahr von Frostschäden besteht. So haben sie vor ihrem ersten Winter eine ganze Wachstumsperiode zum Anwachsen. Beim Umgraben vor der Pflanzung reichlich gut verrotteten Kompost unterarbeiten. Beim Pflanzen der Sträucher genug Platz lassen, damit sie sich ausbreiten können. Einen Langzeitdünger verabreichen und vor allem bei sommerlicher Trockenheit reichlich wässern. Welke Rhododendronblüten entfernen. Im Frühling Volldünger einarbeiten.

Rhododendron (rosa blühend)
❀❀❀ ◐ ◌ ☀

Berberis thunbergii 'Atropurpurea'
❀❀❀ ◌ ☀ ☀

Euonymus fortunei 'Emerald 'n' Gold' ❀❀❀ ◌ ☀ ♕

Dryopteris affinis
❀❀❀ ◐ ☀ ♕

Küchengarten in Töpfen

Gemüse zieht man normalerweise in einem offenen, sonnigen Beet. Arten mit dünnen Blättern gedeihen aber auch im Schatten und schießen dort nicht so schnell wie an einem wärmeren Platz. Besonders geeignet sind die folgenden Schnittsalate. Wenige Pflanzen genügen, um einen Haushalt den ganzen Sommer lang zu versorgen. Auch Minze und Petersilie mögen Schatten. Minze ist eine Staude, alle anderen Pflanzen werden aus Samen gezogen.

Kurz gefasst

Größe 1x1 m oder größer

Eignung Gartenhof oder Terrasse

Boden Tonhaltige Blumenerde mit Sandzuschlag

Lage Leicht schattig

Einkaufsliste

- Salat 'Can Can'
- einjährige Kapuzinerkresse
- Salat 'Lollo Rossa'
- gemischte Pflücksalate
- Minze
- glatte Petersilie

Pflanzung und Pflege

Die Aussaat beginnt im Frühling. Schalen oder kleine Töpfe mit Substrat füllen, kräftig gießen und abtropfen lassen. Samen darauf verteilen, mit Substrat abdecken und an einen geschützten Platz stellen. Alternativ an Ort und Stelle ins Freiland säen. Wenn die Sämlinge groß genug sind, werden sie bei Bedarf in größere Töpfe umgepflanzt. Weiterhin gießen. Nach etwa sechs bis acht Wochen können die ersten Blätter geerntet werden. Im Frühling und Sommer Folgesaaten legen, damit die Versorgung nicht abreißt.

Junge Blätter der Kapuzinerkresse haben einen pfeffrigen Geschmack, der Salaten feine Würze gibt. Die dekorativen Blüten sind ebenfalls essbar und schmecken ähnlich wie die Blätter.

Salat 'Can Can'
❄ 💧 🌢 🔅

Einjährige Kapuzinerkresse
❄ 💧 🌢 🔅

Salat 'Lollo Rossa'
❄ 💧 🌢 🔅

Gemischte Pflücksalate
❄ 💧 🌢 🔅

Minze
❄❄❄❄ 💧 🌢 🔅

Glatte Petersilie
❄ 💧 🌢 🔅

Erdbeertopf

Erdbeeren mögen kühles Klima. Viele der Kulturformen brauchen zur Fruchtreife Sonne, aber die Wildform, aus der sie gezüchtet wurden, stammt ursprünglich aus Wäldern und sie verträgt Schatten gut. Die kleinen dunkelroten Früchte der Wald-Erdbeeren schmecken köstlich. Ein Erdbeertopf mit eingearbeiteten »Balkonen« fasst nicht viele Pflanzen. Für Gläser voll Marmelade reicht die Ernte deshalb nicht aus, aber frische Früchte fürs Müsli kann man einige Wochen lang ernten. Einige schattenverträgliche Einjährige wie diese Begonien machen den Erdbeertopf zur hübschen Dekoration.

Kurz gefasst

Größe Großer Erdbeertopf

Eignung Terrasse oder Gartenhof

Boden Blumenerde

Lage Leicht schattig

Einkaufsliste

- 5 x Wald-Erdbeeren
- 1 x *Begonia coccinea*
- 3 x *Begonia semperflorens* Cocktail-Serie

Pflanzung und Pflege

Die Abzugslöcher im Boden des Topfes mit Tonscherben oder Steinchen abdecken, dann Substrat bis zur ersten Pflanzschalen-Ebene einfüllen. Erdbeeren oder andere Pflanzen hineinsetzen und rings um die Wurzeln Erde andrücken. Weiter Substrat einfüllen und Pflanzen einsetzen, bis alle Schalen gefüllt sind. Oben einen etwa 2 cm hohen Gießrand freilassen.

Im Sommer die Pflanzen regelmäßig gießen. Während die Früchte anschwellen und reifen, darf das Substrat nie austrocknen. Im Frühling und Sommer mit Tomatendünger versorgen.

Die Früchte pflücken, um die Bildung weiterer anzuregen. Welke, unansehnliche Blüten abzupfen.

Blüte der Wald-Erdbeere
❄❄ ◐ ◌ ☀

Begonia coccinea
❄ ◐ ◌ ☀

Frucht der Wald-Erdbeere
❄❄ ◐ ◌ ☀

Begonia semperflorens Cocktail-Serie
❄ ◐ ◌ ☀

Pflege an Schatten- plätzen

Die beste Vorsorge gegen Krankheiten und Schädlinge bietet Wachsamkeit. Bekämpfen Sie Probleme, sobald sie auftreten, dann werden Ihre Pflanzen gut gedeihen. Wichtig ist auch, Unkraut in Schach zu halten. Ein Schattenrasen braucht etwas Fürsorge, damit er üppig und gesund wächst. Terrassen und andere gepflasterte Bereiche müssen regelmäßig gereinigt werden, damit sich darauf kein rutschiger Algenbelag bildet und damit sie immer gut aussehen. In diesem Kapitel finden Sie wertvolle Tipps, die Ihnen helfen, den Garten rund ums Jahr in Bestform zu halten.

Wasser und Dünger

Damit ein Garten immer frisch und gesund aussieht, braucht er regelmäßige Pflege. Mit etwas Planung und gutem Zeitmanagement muss sie aber nicht zur Mühsal werden.

Was und wann gießen? Junge Pflanzen müssen gleich nach dem Setzen und später während Trockenperioden gewässert werden. Ältere Bäume und Sträucher kommen normalerweise ohne Wassergaben aus. Kübelpflanzen dagegen brauchen im Frühling und Sommer regelmäßig Wasser, bei Trockenheit auch zu anderen Jahreszeiten.

Richtig wässern Mit einer Gießkanne lässt sich Wasser am besten dorthin bringen, wo es gebraucht wird: direkt auf die Wurzeln. Praktisch ist ein Brausevorsatz, weil der Sprühstrahl den Boden nicht verdichtet oder von den Wurzeln spült. Ein Schlauch mag praktisch zum Bewässern großer Flächen sein, allerdings besteht dabei Gefahr, Wasser zu verschwenden. Den Wasserstrahl nicht auf die Blätter richten, sondern auf den Boden rings um die Pflanzen, und die Erde stets gut durchfeuchten. Am besten gießt man morgens oder abends, wenn es kühler ist und das Wasser nicht so schnell verdunstet.

Tropfschläuche *(links)* sind eine sparsame Lösung. Die perforierten Gummischläuche werden zwischen den Pflanzen direkt auf den Boden gelegt und an einen Wasserhahn angeschlossen. Sie geben tropfenweise Wasser ab.

Automatische Systeme Tropfschläuche kann man auch an Wasserhähne mit elektronischer Steuerung anschließen. So lassen sich Bewässerungszeiten leicht einhalten, auch wenn man einmal nicht zu Hause ist. Bei anhaltender Trockenheit muss das Bewässerungsintervall länger eingestellt werden, damit die Pflanzen genug Wasser bekommen.

Tropfbewässerungssysteme gibt es auch für Kübelpflanzen. Sie bestehen aus einem langen Rohr, das an einen Schlauch mit oder ohne Zeitschaltuhr angeschlossen wird. An dieses Rohr setzt man kleine Stutzen, die in die Erde der Kübel geschoben werden. Das Verlegen eines solchen Systems ist etwas aufwändig, aber es stellt sicher, dass die Kübelpflanzen regelmäßig genug Wasser bekommen und immerzu schön aussehen.

Der richtige Dünger Zum gesunden Wachstum brauchen Pflanzen drei Hauptnährstoffe: Stickstoff (N) wird für das Blatt- und Triebwachstum benötigt, Kalium (K) regt Blütenbildung und Fruchtansatz an, und Phosphor (P) unterstützt das Wurzelwachstum. Von den Spurenelementen werden nur kleine Mengen benötigt. Universaldünger enthalten die Hauptelemente meist in etwa gleichen Anteilen, man kann aber auch Dünger kaufen, deren Nährstoffkombination auf die Bedürfnisse spezieller Pflanzen abgestimmt ist. Rasen braucht einen stickstoffreichen Dünger, während Sommerblumen einen höheren Anteil Kalium benötigen. Langzeitdünger (in Form von Granulat) lösen sich langsam auf und geben ihre Nährstoffe allmählich über mehrere Wochen ab. Flüssigdünger versorgen die Pflanzen schneller. Man kann sie ins Gießwasser geben oder auch verdünnt auf das Laub spritzen.

Kalireicher Dünger ist gut für Beeren.

Kalium fördert auch die Blütenbildung.

Stickstoff regt die Laubentwicklung an.

Richtig dosieren Langlebige Sträucher und Stauden sind zufrieden, wenn sie jährlich im Frühling mit etwas Volldünger versorgt werden. Den Dünger auf dem Boden verteilen und leicht einharken. Stickstoffreicher Dünger erleichtert den Pflanzen nach der Winterruhe den Start. Pflanzen, die schön blühen sollen, müssen mehr Kalium bekommen. Rosen und andere Pflanzen mit einer langen Blütezeit danken eine zweite Düngung im Sommer. Damit das Holz vor dem Winter gut ausreift, gibt man ab Ende August keinen Dünger mehr. Er würde die Bildung frischer, frostanfälliger Triebe anregen. Einjährige versorgt man am besten im Frühling und Sommer mit kaliumreichem Flüssigdünger. Alternativ gibt man einen Langzeitdünger bei der Pflanzung zum Substrat. Er versorgt die Pflanzen etwa acht Wochen lang – danach würde man sie ohnehin umtopfen.

Langzeitdünger für Kübel.   Beete jährlich düngen.

Die Last mit dem Unkraut

Beikräuter sind in jedem Garten ein Problem. Am besten bekämpft man sie frühzeitig, denn viele Arten breiten sich hemmungslos durch Samen oder unterirdische Ausläufer aus und verdrängen letztlich die erwünschten Pflanzen.

Hacken Eine Hacke ist praktisch, weil man aufrecht mit geradem Rücken arbeiten kann. Allerdings eignet sie sich nur zum Entfernen junger, einjähriger Unkrautsämlinge im Frühling. Das Blatt zieht man knapp unter der Oberfläche durch den Boden, um die Wurzeln zu durchtrennen. An trockenen Tagen darf das Unkraut liegen bleiben, bei Feuchtigkeit besteht aber Gefahr, dass es wieder einwurzelt. Dann sollte es besser abgesammelt und – sofern es noch keine Samen gebildet hat – kompostiert werden. Die Hacke stets sauber und scharf halten.

Jäten von Hand Mühsam, aber wirkungsvoll ist es, den Boden umzugraben und das Unkraut von Hand zu entfernen. Vor allem mehrjährige Unkräuter, die tief wurzeln oder dichte Matten bilden, bekommt man so in den Griff. Die Wurzeln müssen restlos entfernt werden. Selbst aus kleinen Wurzelstücken, die im Boden bleiben, wachsen neue Pflanzen heran.

Chemikalien Mehrjährige Unkräuter kann man mit zugelassenen Herbiziden bekämpfen, die es als Pulver oder Konzentrat zum Verdünnen im Fachhandel gibt. Meist trägt man sie während des aktiven Wachstums im Frühling auf die Blätter auf – und zwar auf Ober- und Unterseite. Die benachbarten Kulturpflanzen zuvor mit Folie abdecken. Gespritzt wird an einem windstillen Tag, damit der Sprühnebel nicht auf andere Pflanzen weht. Beachten Sie grundsätzlich die Sicherheits- und Entsorgungshinweise auf der Packung.

Verbreitete Unkräuter

Löwenzahn Das hartnäckige Unkraut mit langer Pfahlwurzel vermehrt sich durch Samen. Ausstechen oder punktuell mit Herbizid behandeln.

Ampfer Das mehrjährige Unkraut zieht im Winter das Laub ein. Von Hand ausgraben oder im Frühling oder Herbst ein Herbizid aufstreichen.

Giersch Das mehrjährige Unkraut bildet schnell dichte Teppiche. Mit einem Herbizid bekämpfen. Eventuell sind mehrere Anwendungen nötig.

Schachtelhalm Selbst Herbizide wirken nicht zuverlässig. Man kann die Pflanze mit schwarzer Folie abdecken, um ihr Licht zu entziehen.

Brennnessel Die Nesselhaare an den Blättern können Hautreizungen verursachen. Mit Handschuhen ausgraben oder ein Herbizid verwenden.

Scharbockskraut Das hübsche Unkraut bevorzugt feuchten Boden. Ausgraben oder weghacken. Herbizid einsetzen, dann Kies untergraben.

Brombeeren Brombeertriebe bewurzeln bei Bodenkontakt. Im Frühling abschneiden und ein Herbizid einsetzen, wenn sich Blätter bilden.

Kreuzkraut Das einjährige Unkraut breitet sich schnell aus. Sämlinge weghacken, ältere Pflanzen mit Herbizid bekämpfen.

Ackerwinde Wegen des weitläufigen Wurzelwerks lässt sich diese Schlingpflanze schlecht jäten. Wirkungsvoller ist ein Herbizid.

Schädlinge vertreiben

Insekten und andere Schädlinge machen es Gärtnern schwer. Dabei kann man das Problem begrenzen, indem man viele verschiedene Pflanzen kultiviert und Nützlinge anlockt, die bei der Bekämpfung helfen.

Sperrzone Umweltfreundlich sind Barrieren, die von Schädlingen gemieden werden oder die sie nicht überwinden können. Kupferbänder um Kübel mit Funkien und anderen gefährdeten Pflanzen vertreiben Schnecken ebenso wirkungsvoll wie zerdrückte Eierschalen oder Kakaoschalen.

Gute Freunde Einige Insekten und andere Tiere fressen Pflanzenschädlinge. Sie sollte man in den Garten einladen. Marienkäfer und ihre Larven *(Foto links)* sowie die Larven von Schwebfliegen und Florfliegen ernähren sich von Blattläusen. Die ausgewachsenen Tiere werden durch Pflanzen mit weit offenen Blüten angelockt.

Frösche und Kröten fressen Schnecken und andere Schädlinge. Sie stellen sich oft von selbst an Gartenteichen ein. Unter großen Steinen, in hohem Gras und an anderen geschützten, schattigen Plätzen fühlen sie sich an Sommertagen wohl.

Schädlingsbekämpfung Viele Schadinsekten und ihre Larven kann man von Hand absammeln und zerdrücken, wenn Barrieren *(siehe oben)* nicht helfen. Bei geringem Befall ist die Bekämpfung noch einfach, kontrollieren Sie Ihre Pflanzen darum regelmäßig. Ehe Sie zu Insektiziden greifen, bedenken Sie, dass diese Chemikalien auch Nützlingen schaden. Kontaktinsektizide töten die Tiere bei direktem Kontakt ab. Andere werden auf die Pflanze gesprüht und von fressenden oder saugenden Insekten aufgenommen. Tragen Sie beim Spritzen von Insektiziden immer Handschuhe und eine Schutzbrille und befolgen Sie die Herstellerhinweise zu Verdünnung, Lagerung und Entsorgung. Nematoden, die spezifische Schädlinge angreifen, stellen eine alternative Bekämpfungsmethode dar.

Verbreitete Schädlinge erkennen

Dickmaulrüssler Die ausgewachsenen Tiere (schwarze Käfer) legen von Spätfrühling bis Frühherbst Eier. Die Larven *(oben)* fressen an den Wurzeln und können so vor allem Kübelpflanzen abtöten. Bekämpfung mit Nematoden oder einem geeigneten Insektizid.

Schnecken Sie fühlen sich an schattig-feuchten Plätzen wohl und fressen mit Vorliebe Funkien, aber auch Sämlinge und junge Triebe fast aller anderen Pflanzenarten. Bekämpfung mit Schneckenkorn, Kupferbändern oder speziellen Nematoden.

Lilienhähnchen Die leuchtend roten Käfer und ihre orangeroten Larven mit schwarzen Köpfen fressen an Lilien und Fritillarien. Die Blätter der Pflanzen regelmäßig untersuchen. Die Käfer und Larven absammeln oder mit einem Insektizid bekämpfen.

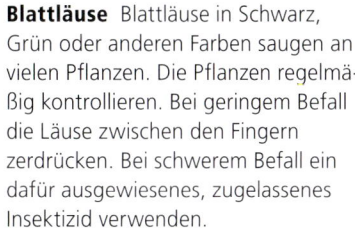

Blattläuse Blattläuse in Schwarz, Grün oder anderen Farben saugen an vielen Pflanzen. Die Pflanzen regelmäßig kontrollieren. Bei geringem Befall die Läuse zwischen den Fingern zerdrücken. Bei schwerem Befall ein dafür ausgewiesenes, zugelassenes Insektizid verwenden.

Blattwanzen Die kleinen grünen oder gelblich-braunen Insekten saugen Saft aus Knospen und Triebspitzen. Dadurch werden die Blätter löcherig und verkrüppeln, Triebspitzen sterben ab. Gefährdete Pflanzen im Frühling bei ersten Anzeichen von Befall mit einem geeigneten Insektizid spritzen.

Salomonssiegel-Sägewespe Die schwarzen, ausgewachsenen Sägewespen legen Eier in die Blattstiele des Salomonssiegels. Die grauweißen Larven können eine Pflanze im Frühsommer entlauben. Die Larven absammeln oder im Spätfrühling mit einem Insektizid spritzen.

Krankheiten verhindern

Pflanzenkrankheiten werden durch Pilze, Bakterien oder Viren verursacht. An schattig-feuchten Plätzen treten vor allem Pilzkrankheiten auf, denn Pilzsporen brauchen Wasser, das im Schatten langsamer verdunstet, zum Keimen.

Krankheiten eindämmen Sauberkeit im Garten ist eine wichtige Vorbeuge-Maßnahme. Pilzsporen können an abgefallenen Blättern infektionsfähig bleiben, darum müssen sie regelmäßig aufgesammelt werden. Sträucher schneiden, um den Austrieb gesunder Triebe anzuregen, kranke Triebe bis ins gesunde Holz abschneiden. Teile von erkrankten Pflanzen gehören nicht auf den Kompost. Dichte Sträucher auslichten, um die Durchlüftung zu verbessern.

Widerstandskraft Orientieren Sie sich bei der Pflanzenwahl an Boden- und Lichtverhältnissen Ihres Gartens. Kümmernde Pflanzen sind schwach und anfälliger für Krankheiten. Ausreichend Wasser und Nährstoffe sind wichtig für die Pflanzengesundheit. Überdüngung, vor allem mit Stickstoff, sollte man aber vermeiden.

Behandlung im Ernstfall Pilzkrankheiten und einige bakterielle Krankheiten lassen sich mit geeigneten Spritzmitteln bekämpfen. Neben chemischen Produkten gibt es auch Mittel auf organischer Basis. Benetzt werden stets Ober- und Unterseiten der Blätter. Gegen Viruserkrankungen gibt es keine Pflanzenschutzmittel.

Häufige Krankheiten erkennen

Mehltau Die Krankheit tritt oft bei schlechter Durchlüftung und Wurzeltrockenheit auf. Befallene Pflanzen zeigen einen silbrig-weißen Belag. Erkrankte Pflanzenteile abschneiden und vernichten, die Pflanzen auslichten und mit Fungizid behandeln.

Rotpustelpilz Der hartnäckige Pilz befällt Gehölze. Er dringt durch Wunden ein, die oft bei unsachgemäßem Schnitt entstehen. Die Triebe sterben ab und tragen rötliche Sporenhäufchen. Befallene Pflanzenteile abschneiden und vernichten.

Falscher Mehltau Diese Pilzkrankheit tritt vor allem bei kühl-feuchter Witterung auf. Die Blätter zeigen bräunliche Flecken und oft einen filzigen Belag auf der Unterseite. Befallene Teile abschneiden, mit einem Fungizid spritzen.

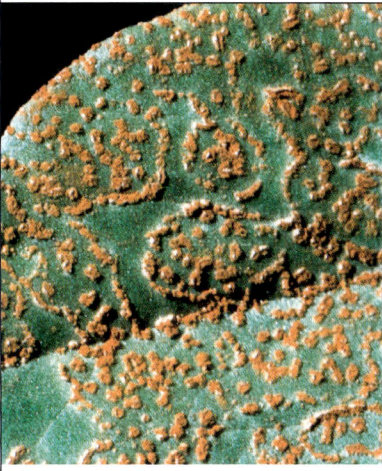

Rußtaupilze Der Pilz wächst nicht direkt auf der Pflanze, sondern auf dem Honigtau, den Blattläuse und Schildläuse ausscheiden. Stark befallene Teile abschneiden, bei leichtem Befall genügt Abwaschen mit Wasser. Den Schädling bekämpfen, der den Honigtau als Nährboden liefert.

Sternrußtau Verschiedene Pilze verursachen diese schwarzen Blattflecken, die vor allem bei Rosen auftreten. Befallene Pflanzenteile abschneiden, abgefallene Blätter absammeln, dann vernichten. Mit einem Fungizid spritzen und die Pflanze mit Flüssigdünger kräftigen.

Rost Die Pilzkrankheit verursacht hässliche rostrote, braune oder gelbe Flecken auf den Blättern, tötet aber selten die Pflanzen ab. Befallene Blätter entfernen. Ein geeignetes Fungizid verwenden oder rostresistente Arten und Sorten wählen.

Oberflächen im Schatten

Auf Pflaster, Mauern und anderen harten Oberflächen treten im Schatten Probleme auf, die in der Sonne selten sind. Ein Großreinemachen – ein- oder zweimal jährlich – genügt, um sie sauber, ansehnlich und verkehrssicher zu halten.

Mit Hochdruck Oberflächen im Schatten werden leicht grün. Wasser verdunstet weniger schnell, sie bleiben also länger feucht und Moose, Algen und Flechten können sich ansiedeln. Ein solcher Bewuchs muss rasch bekämpft werden. Er sieht nicht nur hässlich aus, sondern kann bei feuchtem Wetter gefährlich rutschig sein. Terrassen kann man mit einem Hochdruckreiniger säubern oder ein Spezialprodukt verwenden, das den Bewuchs abtötet. Für kleine Flächen genügt ein Schrubber.

Farbe auffrischen

Auch auf gestrichenen Wänden können sich grüne Algen ansiedeln, vor allem unterhalb einer Dampfsperre. Sie sehen hässlich aus und können auf lange Sicht zusammen mit Wind und Regen die Farbe zum Abblättern bringen, sodass das Mauerwerk sichtbar wird. Eine Mauer muss etwa alle drei bis fünf Jahre frisch gestrichen werden. Zwischendurch sollte sie ausgebessert werden, damit sie einen schönen Hintergrund für die Pflanzen abgibt.

Lose Farbe gründlich abschleifen.

Mit Fassadenfarbe im gewünschten Ton neu anstreichen.

Holzschutz Holz im Außenbereich hat generell eine begrenzte Lebensdauer. Als Naturmaterial ist es für Fäulnis anfällig, aber seine Haltbarkeit verlängert sich durch gute Pflege. Hartholz ist dauerhafter als Weichholz, aber auch teurer. Bei Hartholz sollten Sie darauf achten, dass es aus Plantagenanbau stammt und das FSC-Siegel trägt. Gartenmöbel aus Hartholz werden alle zwei Jahre mit Teaköl behandelt. Zäune und Holzdecks, die oft aus Weichholz bestehen, brauchen jährlich einen Anstrich mit Holzschutzmitteln. Auch Pflanzgefäße aus Holz können gestrichen werden, allerdings sollte man dafür nur ungiftige Farben, Lacke oder Lasuren verwenden.

Stein und Beton säubern Manchmal sieht Bewuchs auf Steinen und Beton interessant aus – aber nicht auf Flächen, die betreten werden. An einem Wasserspiel dagegen können Steine mit Moos und Algen einen reizvollen antiken Charme vermitteln. Wer ungeduldig ist und die Ansiedlung von Moos beschleunigen will, kann Steine und Beton mit Naturjoghurt einpinseln. In einem modernen Umfeld sehen helle Flächen, die Licht reflektieren, passender aus. Um Steine und Beton sauber zu halten, sollte man sie regelmäßig mit Bleiche oder einem Reinigungsmittel abschrubben. Für hartnäckige Flecken eignen sich Schleifkissen *(links)* für Nass- und Trockenschliff, wie man sie auch zum Beseitigen von Kratzern in Autolack verwendet.

Tonkübel richtig pflegen Gartenfreunde stellen statt Kunststoffgefäßen lieber Kübel aus Ton auf, weil sie auch gealtert noch schön aussehen. Der poröse Ton lässt Luft und Wasser durch, was Pflanzen gut tut. Allerdings enthält Wasser gelöste Mineralstoffe, die hässliche weiße Ablagerungen auf dem Ton hinterlassen. Solche Flecken lassen sich mit einer Drahtbürste und etwas Spülmittel beseitigen.

Tontöpfe sind nicht zuverlässig frostbeständig. Bei kaltem Wetter sollte man Pflanzen nicht gießen, weil das in den Ton eindringende Wasser sich bei Frost ausdehnt und den Kübel sprengen kann. Ist starker Frost angekündigt, sollte man große Kübel in Sackleinen oder Noppenfolie wickeln, um sie zu schützen.

Rasenpflege im Schatten

Rasenflächen werden vor allem im Sommer stark strapaziert. Etwas jährliche Pflege stellt sicher, dass das Gras gut aussieht und robust bleibt. Ein Rasen im Schatten wirft zwar gewisse Probleme auf, doch diese lassen sich leicht lösen.

Rasenunkräuter Typische Rasenunkräuter wie Löwenzahn und Gänseblümchen kann man ausstechen. Dazu benutzt man am besten einen speziellen Unkrautstecher oder ein langes Messer. Alternativ einen Unkrautvernichter für den Rasen einsetzen oder die unerwünschten Pflanzen gezielt mit Herbizid behandeln.

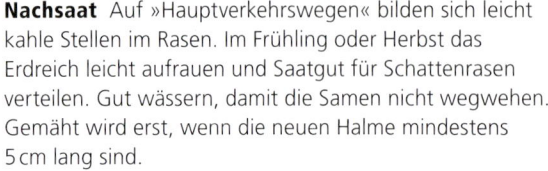

Nachsaat Auf »Hauptverkehrswegen« bilden sich leicht kahle Stellen im Rasen. Im Frühling oder Herbst das Erdreich leicht aufrauen und Saatgut für Schattenrasen verteilen. Gut wässern, damit die Samen nicht wegwehen. Gemäht wird erst, wenn die neuen Halme mindestens 5 cm lang sind.

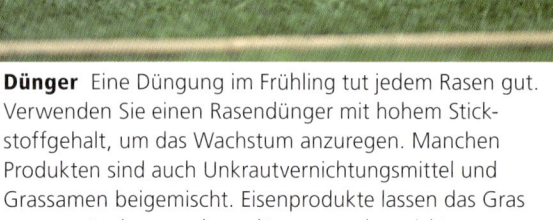

Dünger Eine Düngung im Frühling tut jedem Rasen gut. Verwenden Sie einen Rasendünger mit hohem Stickstoffgehalt, um das Wachstum anzuregen. Manchen Produkten sind auch Unkrautvernichtungsmittel und Grassamen beigemischt. Eisenprodukte lassen das Gras zwar gesünder aussehen, düngen es aber nicht.

Regelmäßige Rasenpflege

Harken Im Herbst wird der Rasen geharkt, um Rasenfilz zu entfernen, der sich aus abgestorbenen Halmen bildet und verhindert, dass Wasser gut versickern kann. Schlechte Dränage fördert die Bildung von Moos. Anschließend einen Moosvernichter anwenden. Nach zwei Wochen das abgestorbene Moos entfernen und den Rasen lüften.

Durchlüften Nach dem Harken wird die Dränage nochmals verbessert, damit Regenwasser in den Boden eindringt und keine Pfützen auf der Oberfläche bildet. Eine Grabegabel in regelmäßigen Abständen in den Boden stechen und hin und her bewegen, sodass kleine Löcher im Boden entstehen. Dadurch wird auch das Wachstum der Graswurzeln angeregt.

Neue Nahrung Als »Kraftspritze« nach dem Harken und Lüften wird auf dem Rasen eine Mischung aus fein gesiebtem Laub- oder Gartenkompost, Sand und Grassamen verteilt. Diese Arbeit nimmt man am besten mit einer Schaufel an einem windstillen Tag vor.

Einarbeiten Die Mischung mit einem harten Straßenbesen oder Reisigbesen auf dem Rasen verteilen. Sie dringt auch in die Lüftungslöcher. Anschließend den Rasen etwa eine Woche lang möglichst nicht betreten. Im Rasen verschwindet das aufgestreute Material verblüffend schnell.

im Porträt

Auf den folgenden Seiten lernen Sie viele Pflanzen kennen, die sich besonders gut für die schattigen oder halbschattigen Plätze im Garten eignen. Viele sind mit dem »Award of Garden Merit« der Royal Horticultural Society ausgezeichnet. Dieser Preis wird nur Pflanzen verliehen, die sich im Garten besonders bewährt haben.

Erklärung der Symbole

  ♀   Ausgezeichnet mit dem »Award of Garden Merit« der Royal Horticultural Society

Ansprüche an den Boden

  ◌   Gut durchlässiger Boden

  ◍   Frischer Boden

  ●   Feuchter Boden

Bevorzugte Lichtverhältnisse, Lage

  ☼   Halbschatten oder gesprenkeltes Sonnenlicht

  ☀   Schatten

Frosthärte

  ✳✳✳   Völlig winterhart

  ✳✳   Kann in milden Regionen oder an geschützten Plätzen im Freien überwintern

  ✳   Braucht im Winter Schutz

  ❅   Verträgt keinen Frost

Pflanzenporträts (Ac-An)

Acer palmatum 'Bloodgood'

Der schöne Japanische Fächer-Ahorn hat dunkel-rotviolette Blätter, die sich im Herbst leuchtend rot und orange färben. Bildet mit der Zeit eine rundliche Krone. Braucht etwas Sonne, damit das Laub im Sommer seine rote Färbung behält.

H: 2,5 m, **B:** 3 m
◊ ☀ ♛

Acer palmatum 'Butterfly'

Wächst aufrechter als die meisten anderen Japanischen Fächer-Ahorne. Mit den cremeweiß und rosa gerandeten Blättern ein schöner Blickfang. Braucht während des Austriebs Schutz vor kaltem Wind. Gute Laubfärbung nur bei etwas Sonnenlicht.

H: 3 m, **B:** 1,5 m
❄❄❄ ◊ ☀

Acer palmatum 'Sango-kaku'

Dieser Fächer-Ahorn trägt orange-gelbliche Blätter, die sich im Herbst buttergelb färben. Dazu kommen schöne korallenrote Äste. Ideal ist ein Platz mit Herbstsonne und ausreichend Schatten im Frühling und Sommer, damit das Laub nicht verbrennt.

H: 6 m, **B:** 5 m
❄❄❄ ◊ ☀ ♛

Aconitum 'Bressingham Spire'

Eisenhut mit den interessant geformten Blüten hat ein etwas finsteres Aussehen. 'Bressingham Spire' trägt von Hochsommer bis in den Frühherbst dunkelviolette Blüten. Die hohen Stängel müssen eventuell gestützt werden.

H: 90–100 cm, **B:** 30 cm
❄❄❄ ◐ ☀ ♛

Actaea rubra

Das Christophskraut wird weniger wegen seiner weißen Blüten im Spätfrühling als wegen der roten Beeren im Herbst kultiviert. Die Staude, die im Winter das Laub einzieht, empfiehlt sich für schattige Beete und den Gehölzrand. Die Beeren sind giftig.

H: 45 cm, **B:** 30 cm
❄❄❄ ◊ ☀ ♛

Actaea simplex

Silberkerzen (die früher Cimicifuga hießen) gedeihen gut in Schattenbeeten. Über geschlitztblättrigem Laub erheben sich im Spätsommer hohe weiße Blütenähren. Sie bevorzugen einen kühlen, geschützten Platz und brauchen unter Umständen eine Stütze.

H: 1,2 m, **B:** 60 cm
❄❄❄ ◊ ☀

Ajuga reptans

Der hübsche Bodendecker breitet sich mit Ausläufern schnell aus und bildet dichte Teppiche aus bräunlichem Laub. Trägt im Spätfrühling zierliche Blütenähren in Blau, Rosa oder Weiß. Sorten mit buntem Laub brauchen für die Ausfärbung etwas Sonne.

H: 15 cm, **B:** 90 cm
❄❄❄ ◑ ☼ ☀

Alchemilla mollis

Der Frauenmantel wirkt bescheiden, bildet aber schnell große Horste. Die flaumigen Blätter sind sehr ansprechend, und die schaumartigen, lindgrünen Blüten passen zu vielen anderen Pflanzen. Welke Blüten abschneiden, um Selbstaussaat zu verhindern.

H: 60 cm, **B:** 75 cm
❄❄❄ ◐ ☼ ♆

Anemone blanda

Die bezaubernde Knollenpflanze mit hellblauen, weißen oder rosa sternartigen Blüten bildet im zeitigen Frühling Teppiche unter Laubbäumen oder Sträuchern. Trockene Knollen vor der Pflanzung 24 Stunden lang in Wasser quellen lassen.

H: 15 cm, **B:** 15 cm
❄❄❄ ◇ ☼ ♆

Anemone x hybrida

Herbst-Anemonen gehören zu den wenigen winterharten Stauden, die zum Ende der Wachstumszeit blühen. Die schalenförmigen Blüten in Weiß oder Rosa stehen auf schlanken, aber standfesten Stängeln. Hinreißend im lichten Schatten unter Bäumen.

H: 1,2–1,5 m, **B:** 60 cm
❄❄❄ ◐ ☼

Anemone nemorosa

Das Busch-Windröschen breitet sich kräftig aus und bildet im Spätfrühling niedrige Teppiche aus weißen Strahlenblüten. Die hier abgebildete 'Bracteata Pleniflora', trägt gefüllte Blüten über einer »Halskrause« aus grünen Blättern.

H: 8–15 cm, **B:** 30 cm
❄❄❄ ◇ ☼ ♆

Anemonella thalictroides

Eine bescheidene Pflanze mit attraktiven, blaugrünen Blättern. Die sternartigen Blüten in Weiß oder Hellrosa erscheinen vom Frühling bis Frühsommer und haben eine leichte Schalenform. Gut geeignet für Steingärten, wächst allerdings nur langsam.

H: 10 cm, **B:** 30 cm
❄❄❄ ◐ ☼

Pflanzenporträts (Aq–Be)

Aquilegia vulgaris var. *stellata* 'Norah Barlow'

Eine Akelei mit besonders reizvoller Färbung: Zartrosa, Creme und Grün. Schön in Kombination mit anderen Spätfrühlingsblühern oder in naturnahen, nicht allzu schattigen Gehölzbereichen.

H: 90 cm, **B:** 45 cm
❄❄❄ ◊ ☀ ♚

Arisaema candidissimum

Der auffällige Feuerkolben braucht einen Platz für sich, damit er gut zur Geltung kommt. Das rosa-weiße Hochblatt (Spatha) erscheint im Sommer noch vor den Blättern. Im Herbst zieht die Pflanze das Laub ein. Sie braucht neutralen bis sauren Boden.

H: 40 cm, **B:** 15 cm
❄ ◊ ☀ ♚

Arum italicum 'Pictum'

Die glänzenden, weiß marmorierten Blätter dieser Knollen bildenden Pflanze erscheinen im Winter und ziehen im Spätfrühling wieder ein. Im Spätsommer reifen fleischige, giftige Beeren. Bei Frost fallen die Blätter zusammen, erholen sich aber wieder.

H: 30 cm, **B:** 15 cm
❄❄❄ ◊ ☀

Aruncus dioicus

Der stattliche Geißbart trägt ab Frühsommer lockere Rispen aus cremeweißen Blütenähren. Die anpassungsfähige Pflanze gedeiht in Beeten oder am lichten Gehölzrand, am besten in Wassernähe. Die Blütenstände eignen sich für den Vasenschnitt.

H: 1,2 m, **B:** 45 cm ❄❄❄ ◗ ☀

Aspidistra elatior 'Variegata'

Die Schusterpalme ist eigentlich eine Zimmerpflanze, aber relativ frosttolerant, daher kann man sie ruhig an einen geschützten Platz am Haus pflanzen. In kühleren Gegenden passt sie in eine Sommerbepflanzung und wird im Haus überwintert.

H: 60 cm, **B:** 60 cm
❄ ◊ ☀ ☀ ♚

Asplenium scolopendrium

Der immergrüne Hirschzungenfarn ziert rund ums Jahr schattige Steingärten. Die glänzend grünen Wedel sehen frisch aus, sind aber in nassen Wintern anfällig für Rost. Reizvoll sind Sorten mit gewellten oder unregelmäßig gezähnten Blatträndern.

H: 45–70 cm, **B:** 60 cm
❄❄❄ ◊ ☀ ♚

Astilbe x *crispa* **'Perkeo'**
Die zierliche Staude ist eine gute Kandidatin für Beet oder Steingarten. Über dem bronzefarben austreibenden Laub erheben sich im Sommer Rispen aus dunkelrosa Blüten. Wer genug Platz hat, kann auch größere Astilben-Sorten wählen.

H: 20 cm, **B:** 20 cm
❄❄❄ ◐ ☼ ☀ ♖

Astrantia major **'Hadspen Blood'**
Die Sterndolde trägt im Sommer dunkel-blutrote, kompakte Blütendolden über eleganten, grünen Blättern. Die verlässliche Staude breitet sich schnell flächig aus, zieht aber im Winter ein. Es gibt auch Sorten mit rosa oder weißen Blüten.

H: 60 cm, **B:** 45 cm
❄❄❄ ◐ ☼

Athyrium niponicum
Der elegante Farn aus Japan passt gut zu Fächer-Ahornen. Er eignet sich für Gärten im asiatischen Stil mit Wasser und Felsen. Einige Sorten haben silbrig gezeichnete Wedel, was schön zu den rötlichen Stielen aussieht. Für neutralen bis sauren Boden.

H: 20–30 cm, **B:** wächst flächig
❄❄❄ ◐ ☼ ☀

Aucuba japonica **'Crotonifolia'**
Die robuste, immergrüne Aukube wird oft unterschätzt, dabei bleibt die schöne, goldgelbe Sprenkelung des Laubes selbst im tiefen Schatten erhalten. Auch im Kübel gedeiht der Strauch gut. Gelegentlich bilden sich im Herbst rote Beeren.

H: 3 m, **B:** 3 m
❄ ◌ ◐ ☼ ☀ ♖

Berberis darwinii
Die immergrüne Berberitze trägt im Spätfrühling leuchtend orangefarbene Blüten und im Herbst bläuliche Beeren. Schön für eine naturnahe Hecke an der Grundstücksgrenze. Bei kräftigem Rückschnitt blüht die Berberitze weniger reich.

H: 3 m, **B:** 3 m
❄❄ ◌ ☼ ☀ ♖

Bergenia **'Silberlicht'**
Bergenien haben große, glänzende Blätter und im Frühling Blüten in Weiß, Rosa oder Rot. Die Blüten der Sorte 'Silberlicht' öffnen sich weiß und färben sich später rosa. Bergenien wachsen langsam, aber sie bilden unkrautdichte, immergrüne Matten.

H: 30–45 cm, **B:** 45–60 cm
❄❄❄ ◌ ☼ ♖

Pflanzenporträts (Bo-Ca)

Borago officinalis

Borretsch ist eins der wenigen Küchenkräuter, die trockenen Schatten vertragen. Die blauen Blüten sind essbar und eignen sich auch als Dekoration für Getränke. Die Pflanzen säen sich reichlich selbst aus. *B.* fo. *alba* trägt hübsche weiße Blüten.

H: 60 cm, **B:** 45 cm
❀❀❀ ◊ ☼ ☀

Brunnera macrophylla

Ein schöner staudiger Bodendecker für kühlen Schatten. Über behaarten Blättern erheben sich im Frühling zierliche hellblaue Blüten, die Vergissmeinnicht ähneln. Panaschierte Formen sind noch hübscher. Die wüchsigen Pflanzen ziehen im Winter das Laub ein.

H: 45 cm, **B:** 60 cm ❀❀❀ ◊ ☼ ☀

Buxus sempervirens 'Marginata'

Der Klassiker für niedrige Hecken ist eigentlich ein ungemein vielseitiger immergrüner Strauch. Strenge Formschnitt-Figuren sehen im Beet oder Kübel schön aus und kleine Exemplare passen sogar in Blumenkästen und Ampeln.

H: bis 3 m, **B:** bis 2,5 m
❀❀❀ ◊ ☼ ♔

Camassia leichtlinii

Prärielilien machen mit ihren hohen, eleganten Blütenständen in rauchigem Blau oder Weiß eine gute Figur im lichten Schatten unter laubabwerfenden Bäumen oder zwischen Sträuchern. Am besten pflanzt man sie in großen Gruppen.

H: 60 cm, **B:** 10 cm
❀❀ ◊ ☼

Camellia 'Cornish Snow'

Diese sehr früh blühende Kamelie trägt große einfache Blüten in Weiß. Sie braucht sauren Boden und Schutz vor rauen Winden. Im Herbst, wenn sich die Blütenknospen entwickeln, reichlich wässern. Nach der Blüte bei Bedarf zurückschneiden.

H: 3 m, **B:** 1,5 m
❀❀ ◊ ☼ ♔

Camellia japonica 'Tricolor'

Die alte, bewährte und sehr attraktive Kamelie wächst als ein dichter, ausladender, immergrüner Strauch. Im Frühling trägt sie Blüten mit ganz unterschiedlichen Streifenmustern in Rot, Rosa oder Weiß. Bei Bedarf nach der Blüte zurückschneiden.

H: 2 m, **B:** 2 m und mehr
❀❀ ◊ ☼ ♔

Camellia 'Spring Festival'

Diese Sorte ist zierlicher als andere Kamelien und bildet einen pyramidenförmigen Strauch mit zugespitzten, grünen Blättern. Im mittleren bis späten Frühling trägt sie kleine gefüllte Blüten in zartem Rosa. Gut für geschützte Plätze in kleinen Gärten.

H: 2–4 m, **B:** 0,6–2 m
❄❄ ◊ ☀ ♈

Camellia x williamsii 'Donation'

Diese besonders beliebte Kamelie schmückt sich im Frühling mit zahlreichen gefüllten Blüten in zartem Rosa. Später bilden die immergrünen, glänzenden Blätter einen guten Hintergrund für andere Pflanzen. Nach der Blüte leicht zurückschneiden.

H: 5 m, **B:** 2,5 m
❄❄ ◊ ☀ ♈

Campanula glomerata

Die Knäuel-Glockenblume gedeiht in fast allen Böden im Schatten und sät sich leicht selbst aus. Im Sommer erscheinen kugelige Blütenstände in Weiß oder Violett-Tönen. Schneidet man die Pflanzen nach der Blüte zurück, blühen sie oft ein zweites Mal.

H: bis 60 cm, **B:** wächst flächig
❄❄❄ ◊ ☀

Campanula poscharskyana

Diese Polster-Glockenblume sieht man häufig in Steingärten, oft auch in sonnigen oder schattigen Mauerritzen. Sie braucht durchlässigen Boden und sät sich selbst aus. Lange Triebe mit blauvioletten Blüten erscheinen vom Sommer bis in den Herbst.

H: 15 cm, **B:** 60 cm
❄❄❄ ◊ ☀

Cardamine pratensis

Das Wiesen-Schaumkraut ist eine Staude mit dekorativen, glänzenden Blättern und weißen, lila oder violetten Blüten im Spätfrühling. Sie stammt aus dem Wald und fühlt sich in kühlen Beeten im Schatten von Bäumen so wohl wie in einem schattigen Steingarten.

H: 30 cm, **B:** 30 cm ❄❄❄ ◊ ☀ ☀

Carex pendula

Die Hänge-Segge ist eine immergrüne Staude, die über einen langen Zeitraum attraktiv wirkt. Sie bildet Horste aus überhängenden, glänzenden Blättern und trägt im Frühling kätzchenartig hängende Blütenstände. Sie braucht feuchten Boden.

H: 1,4 m, **B:** bis 1,5 m
❄❄❄ ◊ ◊ ☀

Pflanzenporträts (Ce–Cr)

Ceanothus thyrsiflorus var. repens
Die Säckelblume gilt als sonnenhungrig, doch diese immergrüne Form aus dem Wald verträgt auch lichten Schatten mit trockenem Boden. Sie eignet sich als Bodendecker unter Laubbäumen. Im Frühsommer erscheinen leuchtend blaue Blüten.

H: 1 m, **B:** 2,5 m
❊❊ ◊ ☀ ♈

Clematis alpina
Die Alpen-Waldrebe trägt vom Frühling bis Frühsommer zierliche blaue Blütenglocken. Es gibt verschiedene Auslesen mit andersfarbigen und auch mit gefüllten Blüten. Nach der Blüte zurückschneiden, falls viele abgestorbene Triebe vorhanden sind.

H: 2–3 m, **B:** 1,5 m
❊❊❊ ◊ ☀ ♈

Clematis 'Fireworks'
Diese großblumige Waldrebe besticht mit leuchtend pinkfarbenen Blüten im Spätfrühling – und nochmals im Spätsommer. Im Spätwinter nur leicht schneiden, um den ersten Flor nicht zu stören. Pflanzen, die in Baumkronen ranken, besser nicht schneiden.

H: 2–3 m, **B:** 1 m
❊❊❊ ◊ ☀

Clematis 'Hagley Hybrid'
Die großen Blüten dieser Sorte verblassen in der Sonne und sind daher im Schatten besser aufgehoben. Der leichte Blaustich der Blüten steht in kühlem Kontrast zum frischgrünen Laub. Im Spätwinter knapp über dem Boden abschneiden.

H: 2 m, **B:** 1 m
❊❊❊ ◊ ☀

Clematis 'Huldine'
Die hübsche Sorte blüht vom Hoch- bis Spätsommer. Die weißen Blüten haben eine zarte Zeichnung in silbrigem Lila und wirken besonders schön, wenn die Pflanze durch einen Strauch rankt. Im Spätwinter die Triebe 15–30 cm über dem Boden abschneiden.

H: 3–5 m, **B:** 2 m ❊❊❊ ◊ ☀ ♈

Clematis macropetala
Diese Art blüht etwa zur gleichen Zeit wie die C. alpina, trägt aber gefüllte Blüten in Weiß, Rosa, Mauve oder Blauviolett. Sie wirkt ausgesprochen dekorativ an Säulen oder in kleinen Bäumen. Bei Bedarf direkt nach der Blüte zurückschneiden.

H: 2–3 m, **B:** 1,5 m
❊❊❊ ◊ ☀

Colchicum speciosum

Obwohl ein Sonnenplatz ideal ist, gedeihen Herbst-Zeitlosen auch im Schatten, sofern dort zwischen Spätwinter und Sommer etwas Sonnenlicht einfällt. Das Laub stirbt früh ab, die Blütenkelche in Rosa oder Weiß stehen im Herbst ganz ohne Blätter da.

H: 18 cm, **B:** 10 cm ❄❄❄ ◌ ☀ ♔

Convallaria majalis

Die weißen Blüten des Maiglöckchens verströmen im Frühjahr ihren unverkennbaren Duft. Die Pflanzen breiten sich durch Ausläufer aus und spitzen sogar aus Pflasterfugen. Schön für Sträuße oder in Kombination mit Farnen in einem kühlen Steingarten.

H: 25 cm, **B:** 30 cm ❄❄❄ ◑ ◐ ☀ ♔

Cornus canadensis

Die meisten Hartriegel sind Sträucher, doch diese staudige Art ergibt einen großartigen Bodendecker für größere Flächen im Schatten. Im Spätfrühling bis Frühsommer erscheinen kleine weiße Blüten, aus denen sich im Herbst rote Beeren entwickeln.

H: 15 cm, **B:** wächst flächig ❄❄❄ ◑ ◐ ♔

Corydalis flexuosa

Die attraktive Schattenpflanze trägt blaue Blüten in der Form eines schmalen Posthorns. Sie schweben vom Spätfrühling bis zum Sommer über grazilem, hellem Laub. Danach zieht der Lerchensporn ein. Ausgezeichnet für den Steingarten.

H: 30 cm, **B:** 20 cm ❄❄❄ ◌ ☀ ♔

Crocosmia 'Lucifer'

Diese besonders schöne Montbretie treibt im Frühling stattliche, gefältelte Blätter und trägt im Sommer übergeneigte Stiele mit leuchtend roten Blüten. Alle zwei bis drei Jahre teilen, weil die Pflanzen nicht blühen, wenn die Rhizome zu gedrängt liegen.

H: 1–1,2 m, **B:** 15 cm ❄❄❄ ◌ ☀ ♔

Crocus tommasinianus 'Albus'

Diese Spätwinterblüher pflanzt man am besten in Gruppen unter Laubbäume, wo sie blühen, solange die Äste kahl sind und Licht durchlassen. Die Art hat weiße Blüten mit silbrigem lila Schimmer, es gibt aber auch farbenprächtigere Sorten.

H: 8 cm, **B:** 2,5 cm ❄❄❄ ◌ ☀

Pflanzenporträts (Cy–Er)

Cyclamen coum

Winterharte Alpenveilchen gedeihen sogar noch im trockenen Schatten unter Bäumen. Diese Art hat herzförmige Blätter, manchmal mit silbriger Zeichnung. Früh im Jahr erscheinen Blüten in Weiß, Rosa oder Rot. Die Pflanze ruht im Sommer.

H: 5–8 cm, **B:** 10 cm
❄❄❄ ◊ ☼ ♉

Cyclamen hederifolium

Bei dieser Art erscheinen die Blüten, die fast immer rosa sind, im Herbst noch vor den Blättern. Das in aller Regel schön gezeichnete Laub ziert während des Winters den Garten. Die Art sät sich reichlich selbst aus.

H: 10–13 cm, **B:** 15 cm
❄❄❄ ◊ ☼ ♉

Daphne laureola

Dieser Seidelbast duftet nicht so betörend wie seine Verwandten, verträgt dafür aber selbst tiefen Schatten. Die gelbgrünen Blüten erscheinen vom Spätwinter bis zum Frühling zwischen dem immergrünen Laub. Der Strauch wächst sehr regelmäßig.

H: 1 m, **B:** 1,5 m
❄❄❄ ◊ ☼ ☀

Darmera peltata

Das Schildblatt fühlt sich am Ufer größerer Teiche wohl. Im Frühling bildet es kräftige Stiele mit Blüten in Weiß oder kräftigem Rosa. Dann entfalten sich die schirmartigen, großen Blätter, die den Sommer über mächtig für Aufsehen sorgen.

H: 2 m, **B:** 1 m
❄❄❄ ◊ ◊ ☼ ♉

Dicentra spectabilis

Das Tränende Herz trägt im Frühling bezaubernde, herzförmige Blüten, aufgereiht an farbigen Stängeln. Die weiße Form *D.* fo. *alba* wächst etwas kompakter. Beide gedeihen gut am Gehölzrand oder zwischen großen Steinen. Im Winter zieht das Laub ein.

H: 1,2 m, **B:** 45 cm
❄❄❄ ◊ ◊ ☼ ♉

Dicksonia antarctica

Gartengestalter verwenden Baumfarne, wenn sie eine tropische Stimmung erzeugen wollen. Die langsam wachsenden Pflanzen halten unsere Winter nur in geschützten Innenhöfen aus. Besser hält man sie in großen, mobilen Kübeln, die im Haus überwintern.

H: 2 m und mehr, **B:** 2 m
❄ ◊ ◊ ☼ ☀ ♉

Digitalis purpurea

Der Rote Fingerhut sieht am Gehölz-rand wie im Beet hübsch aus. Die glockenförmigen, innen oft gezeich-neten Blüten können verschiedene Farben haben. Sehr reizend wirkt zartes Apricot. Fingerhut wächst zweijährig und blüht erst im Jahr nach der Aussaat.

H: 1–1,7 m, **B:** 30 cm ❄❄❄ ○ ◐ ☀

Dodecatheon pulchellum

Die Götterblume bildet Rosetten aus ovalen Blättern, über denen im Spät-frühling purpurrosa Blüten stehen. Die Blütenblätter sind wie beim Alpen-veilchen zurückgeschlagen. Schön für schattige Steingärten. Nach der Blüte ziehen die Pflanzen ein.

H: 35 cm, **B:** 15 cm
❄❄❄ ○ ◐ ◑ ☀ 🏆

Dryopteris filix-mas

Der Wurmfarn mit aufrechten, gefiederten Wedeln in hellem Grün ist ein guter Partner zu Gehölzen. Er ist streng genommen sommergrün, doch selten sterben im Winter alle Wedel ab. Es gibt Auslesen mit gekräuseltem Rand oder gegabelten Fiederspitzen.

H: 1 m, **B:** 1 m
❄❄❄ ○ ◐ ◑ 🏆

Elaeagnus x ebbingei 'Limelight'

Die Ölweide eignet sich bestens für Hecken und für trockene, schwierige Lagen. Die immergrünen Blätter sind zinngrau gesprenkelt und in der Mitte oft gelb oder hellgrün gefärbt. Im Herbst erscheinen unscheinbare, cremeweiße Blüten mit süßem Duft.

H: 3 m, **B:** 3 m
❄❄ ○ ◐

Epimedium grandiflorum

Die staudige Elfenblume bildet Matten aus herzförmigen, grünen Blättern. Im Frühling erscheinen zierliche Blüten in Weiß, Gelb, Rosa oder Violett an drahtigen Stielen. Sie wirken am besten, wenn die alten Blätter im Spätwinter zurückgeschnitten werden.

H: 20–30 cm, **B:** 30 cm
❄❄❄ ○ ◐ 🏆

Eranthis hyemalis

Die gelben, Hahnenfuß-ähnlichen Blüten des Winterlings öffnen sich sehr früh im Jahr, sobald die ersten Sonnenstrahlen durch die kahlen Baumkronen fallen. Mit der Zeit bilden Winterlinge große Kolonien, sofern man den Boden nicht durch Hacken stört.

H: 5–8 cm, **B:** 5 cm ❄❄❄ ○ ◐ 🏆

Pflanzenporträts (Er–Ge)

Erythronium dens-canis
Der Hundszahn ist trotz seiner kurzen Präsenz eine bezaubernde Pflanze für Gehölzbereiche. Blüten in Weiß, Rosa oder Violett mit zurückgeschlagenen Blütenblättern stehen einzeln an drahtigen Stielen über schön marmorierten Blättern.

H: 10–15 cm, **B:** 10 cm
❄❄❄ ◌ ☼ 🏆

Erythronium 'Pagoda'
Diese Sorte ist in allen Teilen größer als die links beschriebene Art. Sie trägt breite, glänzende, grün marmorierte Blätter und im Spätfrühling nickende gelbe Blüten. Sehr hübsch in Gruppen unter Laub abwerfenden Bäumen oder im Steingarten.

H: 15–35 cm, **B:** 15 cm
❄❄❄ ◌ ☼ 🏆

Euonymus fortunei (in Sorten)
Diese immergrünen Sträucher mit buntem Laub sind wertvolle »Lückenfüller« im Beet. Sie haben einen kompakten, rundlichen Wuchs, sind recht schnittverträglich und eignen sich zur Fassadenbegrünung. Grünlaubige Triebe regelmäßig ausschneiden.

H: 1 m, **B:** 2 m ❄❄❄ ◌ ☼

Euphorbia amygdaloides
Die Mandel-Wolfsmilch breitet sich in Schattenbereichen schnell aus. Über dunkelgrünen Blattquirlen erscheinen im Frühling kurz gestielte, gelbgrüne Blütenstände. Die Pflanze neigt zum Wuchern, ist aber ein wertvoller Bodendecker an schwierigen Plätzen.

H: 75 cm, **B:** 30 cm
❄❄❄ ◖ ☼

x Fatshedera lizei
Die Hybride aus Efeu und Fatsia kennt man als Zimmerpflanze, sie wertet mit ihren immergrün glänzenden Blättern auch schattige Gartenecken auf. Man kann sie sogar an einer Wand, einer Säule oder einem Baum ziehen. Es gibt buntlaubige Sorten.

H: 2 m und mehr, **B:** bis 3 m
❄ ◌ ☼ 🏆

Fritillaria meleagris
Die Schachbrettblume trägt im April hängende Blüten mit einem Schachbrettmuster in mattem Rotviolett. Sie verwildert gern in feuchtem Gras und bevorzugt Böden, die im Sommer nicht austrocknen. Bezaubernd ist auch die weiße Form.

H: 25 cm, **B:** 5–8 cm
❄❄❄ ◖ ◆ ☼

Fuchsia 'Lady Thumb'

Es gibt einige winterharte Garten-Fuchsien, die gut im Halbschatten gedeihen. Diese bewährte Sorte trägt über einen langen Zeitraum rot-weiße Blüten. Größere Sorten kann man an Spalieren aufbinden oder als Hochstamm ziehen.

H: bis 30 cm, **B:** bis 45 cm
❄ ◊ ☀ 🏆

Fuchsia magellanica var. molinae

Diese hellrosa blühende Gartenfuch-sie kann als frei stehender Strauch wachsen oder man zieht sie an einer schattigen Wand oder Säule. Die zierlichen Blüten erscheinen vom Hochsommer bis zum ersten Frost.

H: 2 m, **B:** 2 m
❄ ◊ ☀

Galanthus nivalis

Diese ersten Frühlingsboten dürfen in keinem Garten fehlen. Das gewöhn-liche Schneeglöckchen gedeiht unter Laubbäumen, zwischen Sträuchern, an Böschungen und sogar in schwe-rem Boden. Große Horste gleich nach der Blüte ausgraben und teilen.

H: 10 cm, **B:** 5 cm
❄❄❄ ◊ ☀ 🏆

Garrya elliptica

Das Becherkätzchen ist ein immer-grüner Strauch, dessen hängende, silbrig rosa Blütenstände im Spät-winter erscheinen und bis in den Frühling hinein halten. Der Strauch kann gut an einer Wand wachsen und braucht in kühlen Lagen Winterschutz.

H: 4 m, **B:** 4 m ❄ ◖ ☀

Geranium macrorrhizum

Der Felsen-Storchschnabel hat duftende Blätter und rötlich violette Blüten, die sich zur Frühjahrsmitte öffnen. Es gibt verschiedene Sorten mit helleren Blüten. Wie die meisten Storchschnabel-Arten ist auch dies ein guter Bodendecker.

H: 50 cm, **B:** 60 cm
❄❄❄ ◊ ◖ ☀

Geranium phaeum 'Album'

Der Braune Storchschnabel ist eine echte Waldpflanze. Die Art hat bräunlich violette Blätter und bildet dunkelviolette Blüten zur Frühjahrs-mitte. Sie kreuzt sich leicht mit der weißen Form 'Album' (oben). Daraus gehen dann Pflanzen mit zartlila Blüten hervor.

H: 80 cm, **B:** 45 cm ❄❄❄ ◊ ◖ ☀ ☀

Pflanzenporträts (Hedera)

Hedera colchica 'Sulphur Heart'

Wer einen immergrünen Kletterer sucht, der ganzjährig gut aussieht, ist mit dieser Sorte gut beraten. Die großen Blätter tragen eine lebhafte Fleckenzeichnung in warmem Cremegelb. Schnellwüchsig, auch als Bodendecker geeignet.

H: 5 m, **B:** 5 m
❄❄❄ ◌ ◖ ☼ ⚘

Hedera helix 'Adam'

Diese Efeusorte hat eisblaue bis grüne Blätter mit einem feinen weißen Rand. Sie ist mäßig wüchsig und eignet sich gut für Kübel, zumal sie sich als sehr schnittverträglich erweist.

H: bis 5 m, **B:** bis 3 m
❄❄❄ ◌ ◖ ☼

Hedera helix 'Erecta'

Dieser ungewöhnliche Efeu klettert nicht, sondern wächst eher strauchig und trägt Triebe mit regelmäßig angeordneten rundlichen, mittelgrünen Blättern. Passt in jedes Schattenbeet, auch auf engem Raum, oder in den Steingarten.

H: 1 m, **B:** 30 cm
❄❄❄ ◌ ◖ ☼ ☀ ⚘

Hedera helix 'Glacier'

Kleine graugrüne Blätter mit silbriger und cremeweißer Panaschierung sehen aus wie geeist. Die vielseitige Sorte eignet sich zum Begrünen schattiger Mauern, aber auch als Bodendecker unter Bäumen, für Kübel und Hängekörbe.

H: 2 m, **B:** 1 m
❄❄❄ ◌ ◖ ☼ ⚘

Hedera helix 'Goldheart'

Die Blätter dieser Sorte sind kräftig goldgelb gescheckt. Bei Lichtmangel geht die Fleckung verloren, darum sollten reingrüne Triebe stets abgeschnitten werden. Gelegentlich wird die Sorte unter dem Namen 'Oro di Bogliasco' angeboten.

H: 8 m, **B:** 4 m
❄❄❄ ◌ ◖ ☼ ⚘

Hedera helix 'Green Ripple'

Diese Efeusorte trägt ungewöhnlich große, scharf gezähnte und spitze Blätter. Am schönsten kommt die Form zur Geltung, wenn die Triebe über eine Mauer klettern und die flache Oberfläche auflockern.

H: 2 m, **B:** 1 m
❄❄❄ ◌ ◖ ☼ ☀

Hedera helix **'Ivalace'**

Die grün glänzenden Blätter dieser Sorte haben gewellte oder gekräuselte Ränder und eine hellgrüne Aderung. Gut als Bodendecker oder zur Wandbegrünung, aber auch als Hängepflanze in Ampeln und Kübeln oder als Ruhepol zu bunten Blumen.

H: 1 m, **B:** 1 m
❄❄❄ ◌ ◐ ☼ ☀ ♈

Hedera helix **'Little Diamond'**

Eine besonders schöne Sorte mit kompaktem Wuchs und rautenförmigen Blättern. Die Blätter sind grün und grau gefleckt und haben einen breiten, cremefarbenen Rand. Geeignet für Steingärten, Kübel und Ampeln.

H: 30 cm, **B:** 30 cm
❄❄❄ ◌ ◐ ☼

Hedera helix **'Parsley Crested'**

Der Reiz dieser Sorte liegt in den Blättern mit gewelltem Rand. Sehr schön zum Begrünen von Zäunen oder Mauern im tiefen Schatten. Wird gelegentlich auch unter dem Namen 'Cristata' angeboten.

H: 2 m, **B:** 1 m
❄❄ ◌ ◐ ☼ ☀ ♈

Hedera helix **'Pedata'**

Den volkstümlichen Namen »Vogelfuß-Efeu« trägt die Sorte wegen der Form der Blätter. Die wüchsige Sorte eignet sich gut zum Begrünen von Mauern oder Zäunen hinter einem schattigen Beet. Auch unter der Bezeichnung 'Caenwoodiana' im Handel.

H: 4 m, **B:** 2 m
❄❄❄ ◌ ◐ ☼ ☀

Hedera helix **'Pittsburgh'**

Ein kompakter Efeu mit gelappten Blättern, die in Relation zur Größe der Pflanze recht groß sind. Bildet dichte Laubteppiche und eignet sich zum Auffüllen von Kübeln, Ampeln und Blumenkästen. Flächig gepflanzt ergibt sich ein guter Bodendecker.

H: 1 m, **B:** 1 m
❄❄ ◌ ◐ ☼ ☀

Hedera hibernica **'Sulphurea'**

Dieser wüchsige, großblättrige Efeu ist ideal, wenn große Flächen zu bedecken sind. Die Sorte hat graugrüne Blätter mit hellgelbem Rand. Sie wuchert weniger stark und gibt einen schönen Hintergrund für kleinblättrige Efeu-Sorten ab.

H: 3 m, **B:** 1,5 m
❄❄❄ ◌ ◐ ☼ ☀

Pflanzenporträts (He–Ho)

Helleborus orientalis

Lenzrosen sind schöne immergrüne Stauden, die ab Spätwinter große schalenförmige Blüten in verschiedenen Farben tragen: Weiß, Creme, Rosarot oder Violett. Es existieren auch gefüllte und mehrfarbige Sorten. Alle gedeihen in schwerem Boden.

H: 45 cm, **B:** 45 cm
❄❄❄ ◊ ◐ ☼

Hemerocallis 'Corky'

Die meisten Taglilien lieben Sonne, doch diese verträgt auch Schatten. Die immergrüne Staude hat riemenartige Blätter und trägt im Hochsommer trichterförmige Blüten in Reingelb, die nur einen Tag halten, aber ständig bilden sich neue Blüten.

H: 70 cm, **B:** 40 cm
❄❄❄ ◊ ◐ ☼ ☙ ♚

Hemerocallis 'Golden Chimes'

Im Frühsommer zeigt diese Taglilie rotbraune Knospen, aus denen sich große dunkelgelbe Blüten mit leicht zurückgebogenen Blütenblattspitzen entfalten. Wegen der immergrünen, schmalen Blätter ist dies eine wertvolle Beetstaude.

H: 90 cm, **B:** 45 cm
❄❄❄ ◊ ◐ ☼ ♚

Hepatica acutiloba

Leberblümchen sind mit den Anemonen verwandt und gedeihen unter ähnlichen Bedingungen. Die bescheidene Waldpflanze mit sternförmigen Blüten in Blau, Rosa oder Weiß liebt schweren, am besten alkalischen Boden unter Gehölzen oder im Steingarten.

H: 8 cm, **B:** 15 cm ❄❄❄ ◊ ◐ ☼

Heuchera micrantha 'Palace Purple'

Über den metallisch bronzeroten Blättern des Purpurglöckchens erheben sich im Frühsommer lachsfarbene Blüten an drahtigen Stielen. Ein guter, wüchsiger Bodendecker für den Schatten, sofern der Boden feucht genug bleibt.

H: 45–60 cm, **B:** 45–6 cm
❄❄❄ ◊ ◐ ☼ ☀

x Heucherella tiarelloides

Aus der Kreuzung von Heuchera und Tiarella gingen robuste Schattenstauden hervor, die sich gut als Bodendecker oder als Partner im Beet eignen. Das Laub ist im Austrieb oft braun gezeichnet. Von Mai bis Juni erscheinen duftige rosa Blütenstände.

H: 45 cm, **B:** 45 cm
❄❄❄ ◊ ☼ ☀ ♚

Hosta 'Green Fountain'

Die auffällige, elegante Funkie hat dünne Blätter in hellem Grün, die in praller Sonne schnell versengen würden. Sie stehen aufrecht, hängen aber an den Spitzen über. Die Sorte trägt im Sommer blasslila Blüten. Sorgfältig auf Schnecken achten!

H: 45 cm, **B:** 1 m
❄❄❄ ◌ ◐ ◔ ☀

Hosta 'Halcyon'

Die Blätter dieser Sorte sind dick und herzförmig. Ein Wachsbelag gibt ihnen einen graublauen Schimmer. Im Sommer erscheinen fahllila Blüten. Eine der schönsten Funkien-Sorten, deren Blautönung im Schatten am besten ausfällt.

H: 40 cm, **B:** 70 cm
❄❄❄ ◌ ◐ ◔ ☀ ♈

Hosta 'Krossa Regal'

Durch den aufrechten, »vasenförmigen« Wuchs ist dies eine unverwechselbare Sorte unter den graublättrigen Funkien. Trägt im Sommer blasslila Blüten. Wie alle Funkien ein guter Bodendecker, doch die Form kommt im Kübel am besten zur Geltung.

H: 70 cm, **B:** 75 cm
❄❄❄ ◌ ◐ ◔ ☀ ♈

Hosta 'Love Pat'

Die dicken, rundlichen, geprägten Blätter wölben sich nahezu schalenförmig. Im Sommer erscheinen cremeweiße, glockenförmige Blüten. Etabliert sich langsam, ist aber eine schöne Beetpflanze. Weniger durch Schneckenfraß gefährdet als andere Sorten.

H: 45 cm, **B:** 1 m
❄❄❄ ◌ ◐ ◔ ☀ ♈

Hosta 'Sagae'

Die auffällige Funkie bildet Gruppen aus festen, stark geaderten, fast schwärzlich grünen Blättern mit schmalem, cremefarbenem Rand. Entwickelt im Sommer hohe Stängel mit kleinen, lilaweißen Trichterblüten. Etabliert sich langsam.

H: 1 m, **B:** 1 m
❄❄❄ ◌ ◐ ◔ ☀ ♈

Hosta 'Sum and Substance'

Die dicken, filzigen Blätter dieser Funkie fühlen sich fast wie Wildleder an. Verträgt im Gegensatz zu anderen Sorten Sonne und entwickelt bei reichlich Licht die schönste, warm gelbgrüne Blattfärbung. Die Blüten erscheinen im Sommer und sind fast weiß.

H: 75 cm, **B:** 1,2 m
❄❄❄ ◌ ◐ ◔ ☀ ♈

Pflanzenporträts (Hy–Li)

Hyacinthoides non-scripta

Hasenglöckchen wachsen typischer-
weise im Unterholz. Sie bilden im
Anschluss an die Narzissenblüte
dichte Teppiche. Die Pflanzen wirken
einzeln unscheinbar, aber in großen
Gruppen zauberhaft. Welke Blüten
abschneiden, um Selbstaussaat zu
verhindern.

H: 20–40 cm, **B:** 8 cm ❄❄❄ ◌ ☀

Hydrangea anomala subsp. *petiolaris*

Die Kletter-Hortensie gedeiht selbst
im tiefen Schatten und schmückt sich
im Sommer mit großen, cremeweißen
Blütenständen. Sie wächst langsam,
große Exemplare haben ein stattliches
Alter. Möglichst wenig schneiden.

H: bis 7 m, **B:** bis 6 m
❄❄❄ ◌ ☀ ☀ ☀ ♛

Hydrangea macrophylla

Strauch-Hortensien fühlen sich im
Schatten wohl. Die Blüten sind weiß
oder rosa (auf basischen Böden) oder
blau (auf sauren Böden), die Blütenstände können rundlich oder flach
sein. Rückschnitt im Frühling, dabei
erfrorene Triebspitzen entfernen.

H: 1,5 m, **B:** 1,2 m
❄❄❄ ◌ ☀

Hydrangea villosa

Diese Hortensie wird vor allem wegen
der samtigen, grünen Blätter und der
abschilfernden Rinde geschätzt. Die
blauvioletten Blüten öffnen sich im
Sommer. Die Pflanze, die etwas
Windschutz schätzt, wächst im Alter
oft baumartig.

H: bis 4 m, **B:** bis 4 m
❄❄❄ ◌ ☀

Hypericum 'Hidcote'

Der immergrüne Strauch mit den
aromatisch duftenden Blättern ist
robust und verlässlich. Vom Hochsommer bis in den Frühherbst öffnen
sich leuchtend gelbe Blüten. Wirkt
schön in einem Gehölzbeet oder in
der gemischten Rabatte.

H: 1,2 m, **B:** 1,5 m
❄❄❄ ◌ ☀ ♛

Impatiens Neuguinea-Gruppe

Fleißige Lieschen gehören zu den
schönsten Einjährigen, die im Schatten
gedeihen. Die Blüten in Weiß, Rosa,
Orange oder Rot erscheinen über
einen langen Zeitraum von Sommer
bis Herbst. Ideal auch für Kübel,
Kästen und Hängekörbe.

H: 35 cm, **B:** 30 cm
❀ ◌ ☀ ♛

Iris pseudacorus

Die Sumpf-Schwertlilie fühlt sich in der Uferzone von Bachläufen oder Teichen wohl. Über den schwertförmigen Blättern mit strengem, grafischem Wuchs erheben sich im Mai-Juni gelbe Blüten. Um zu starke Ausbreitung zu verhindern, in Körbe pflanzen.

H: 0,9–1,5 m, **B:** 60 cm
❄❄❄ ◐◗◖ ☀ ⚱

Kirengeshoma palmata

Diese Horst bildende Staude wäre wohl besser bekannt, wenn sie nicht so kalkempfindlich wäre. Auf drahtigen Stielen erscheinen von Spätsommer bis Herbst elegante, laternenförmige Blüten in hellem Gelb.

H: 0,6–1,2 m, **B:** 75 cm
❄❄❄ ◐ ☀ ⚱

Lamium maculatum 'Beacon Silver'

Taubnesseln gehören zu den wenigen Stauden, die im trockenen Schatten unter Bäumen gedeihen. 'Beacon Silver' bildet an Standorten, an denen wenig andere Pflanzen eine Chance haben, Matten aus graugrün schimmernden Blättern.

H: 20 cm, **B:** 1 m
❄❄❄ ◌ ☀ ☀

Lathyrus latifolius

Die Stauden-Wicke sieht der einjährigen Wicke ähnlich, duftet aber nicht. Sie treibt zeitig im Frühling aus und bildet den ganzen Sommer lang pinkfarbene Blüten. Man kann sie auch in Sträucher hineinwachsen lassen. 'White Pearl' hat weiße Blüten.

H: 2 m, **B:** 1 m und mehr
❄❄❄ ◌ ☀ ⚱

Leucojum aestivum

Knotenblumen blühen gleichzeitig mit Narzissen, werden aber relativ selten kultiviert. Dabei sehen sie mit ihren weißen Glockenblüten an eleganten Schäften sehr hübsch aus. Sie gedeihen in schwerem Boden, der stets etwas feucht bleibt.

H: 45–60 cm, **B:** 8 cm
❄❄❄ ◐ ☀

Ligularia 'The Rocket'

Die robuste Pflanze erreicht stattliche Höhen. Sie bevorzugt feuchten Boden, etwa am Wasser oder im Beethintergrund. Im Sommer erheben sich über den stark gezackten Blättern hohe, schwärzliche Stängel mit leuchtend gelben Blüten.

H: 1,8 m, **B:** 1 m
❄❄❄ ◐ ☀ ⚱

Pflanzenporträts (Lilium)

Lilium **Bellingham-Gruppe**

Diese alten Hybriden leuchten von Früh- bis Hochsommer in lichten Bereichen zwischen Gehölzen. Die Blüten in Gelb, Orange oder Rot haben weit zurückgebogene, braun gesprenkelte Kronblätter. Am besten in Gruppen pflanzen. Braucht sauren Boden.

H: 1,8 m, **B:** 25 cm
❄❄❄ ⬦ ☀

Lilium *henryi*

Die wüchsige, unkomplizierte Lilie trägt gelblich aprikosenfarbene, schwarz gesprenkelte Blüten. Man setzt sie zwischen niedrige Sträucher, die den hohen Stängeln Halt geben, oder man sorgt für eine Stütze. Für neutralen bis basischen Boden.

H: bis 2 m, **B:** 25 cm
❄❄❄ ⬦ ☀ ⚱

Lilium *lancifolium*

Die Tiger-Lilie bringt im Spätsommer leuchtend orangefarbene Türkenbund-artige Blüten mit auffälligen schwarzen Sprenkeln hervor. Zur Vermehrung Brutknospen von den Achseln der Blütenstände abnehmen. Bevorzugt kalkfreien Boden.

H: 1,5 m, **B:** 25 cm
❄❄❄ ⬦ ☀

Lilium *longiflorum*

Die unkomplizierte Oster-Lilie verträgt Kalk, benötigt aber Frostschutz. In kalten Regionen pflanzt man sie am besten in Kübel. Die trompetenförmigen, duftenden Blüten öffnen sich im Hochsommer und eignen sich gut für den Vasenschnitt.

H: 1 m, **B:** 25 cm
❄ ⬦ ☀ ⚱

Lilium *martagon*

Die Türkenbund-Lilie ist eine der ältesten Sorten und ein Bauerngarten-Klassiker. Vom Frühsommer an kann jeder Stängel bis zu 50 kleine Blüten in rötlichem Pink tragen. Gedeiht in saurem und basischem Boden, braucht aber gute Dränage.

H: 0,9–2 m, **B:** 20 cm
❄❄❄ ⬦ ☀ ⚱

Lilium *martagon* var. *album*

Die weiße Türkenbund-Lilie hat durchscheinende, grüne Stängel und schneeweiße Blüten, die sich im Sommer öffnen. Gut zum »Aufhellen« eines schattigen Bereiches unter laubabwerfenden Bäumen. Die Varietät var. *cattaniae* trägt rotbraune Blüten.

H: 0,9–2 m, **B:** 20 cm
❄❄❄ ⬦ ☀ ⚱

Lilium medeoloides
Eine schöne Lilie für kleine Gärten oder Kübel. Orangerote bis apricotfarbene Blüten mit dunkleren Sprenkeln auf weit zurückgebogenen Blütenblättern erscheinen im Hochsommer. Die Blätter stehen wie Radspeichen am Stiel. Braucht sauren Boden.

H: 40–75 cm, **B:** 20 cm
❄❄❄ ◊ ☀

Lilium nepalense
Eine schöne, aber frostempfindliche Lilie mit aufrechten oder gebogenen Stängeln und grüngelben Blüten mit violetter Innenseite. Man setzt sie am besten in große Kübel, weil die unterirdischen Triebe meist waagerecht wachsen. Braucht sauren Boden.

H: 1,2 m, **B:** 25 cm
❄ ◊ ☀

Lilium pardalinum
Die Panther-Lilie trägt im Sommer duftlose, orangerote Blüten mit dunklen, manchmal gelb eingefassten Sprenkeln und mit zurückgebogenen Blütenblättern. Schön für den Beethintergrund. Verträgt Kalk, aber keinen trockenen Boden.

H: 1,5–2,5 m, **B:** 30 cm
❄ ◑ ☀ ♈

Lilium pyrenaicum
Die nahezu unverwüstliche Pyrenäen-Lilie bildet schnell größere Gruppen. Der Geruch der gelben Blüten ist etwas unangenehm, darum pflanzt man sie besser in den Beethintergrund oder unter Laubbäume. Für neutralen bis basischen Boden.

H: 0,6–1,2 m, **B:** 25 cm
❄❄ ◊ ☀

Lilium speciosum
Die Prächtige Lilie trägt erst im Spätsommer große Blüten mit zurückgeschlagenen Blütenblättern mit pinkfarbenen oder karminroten Sprenkeln und schwerem Duft. *L. speciosum* var. *album* hat schneeweiße Blüten. Beide brauchen sauren Boden.

H: 1–1,8 m, **B:** 25 cm
❄❄ ◑ ☀

Lilium superbum
Die Prächtige Türkenbund-Lilie blüht von Spätsommer bis Herbst. An hohen Stängeln stehen duftlose Blüten in rötlich geflammtem Orange mit rotbraunen und grünen Sprenkeln im Schlund. Braucht sauren Boden.

H: 1,5–3 m, **B:** 30 cm
❄❄❄ ◑ ☀

Pflanzenporträts (Lo–Os)

Lobelia erinus

Blüht als eine der wenigen Einjährigen im Schatten. Kompakte Formen passen ins Beet, hängende dürfen in Ampeln nicht fehlen. Verwelkte Blüten ausputzen, dann blühen die Pflanzen bis in den Herbst. Es gibt Sorten mit Blüten in Weiß, Rosa und Rot.

H: 15 cm, **B:** 15 cm
❀ ◊ ◗ ☼

Lonicera x *tellmanniana*

Alle Geißblatt-Arten sind ursprünglich Waldbewohner. Diese Sorte bildet auch in schattigen Ecken zahlreiche kräftig orangefarbene Trompeten-blüten, die sich im Mai-Juni öffnen. Verschlungene Triebe im Spätwinter bei Bedarf auslichten.

H: 5 m, **B:** 3 m
❋ ❋ ❋ ◊ ☼

Lunaria annua

Das Einjährige Silberblatt, eine alte Bauerngartenpflanze, schmückt mit rosa oder weißen Blüten im Frühling und später mit silbrigen Samenstän-den. Leicht aus Samen im Frühling oder Herbst zu ziehen. Die Pflanzen versamen sich im Garten.

H: 90 cm, **B:** 30 cm
❋ ❋ ❋ ◊ ☼

Lysichiton americanus

Die Scheinkalla ist eine attraktive Staude, die viel Platz und feuchten Boden – im Idealfall am Teichufer – braucht. Wenn die gelben Spathen im Spätfrühling verwelkt sind, sorgen die glänzenden Blätter für Aufsehen.

H: 1 m, **B:** 1,2 m
❋ ❋ ❋ ◊ ◗ ☼ ♈

Lysimachia nummularia 'Aurea'

Das Pfennigkraut (abgebildet ist die gelbblättrige Form) ist ein großartiger Bodendecker, eignet sich aber auch als Hängepflanze für den Randbereich großer Kübel. Im Sommer erscheinen zahlreiche goldgelbe, leicht gewölbte Sternblüten.

H: 5 cm, **B:** wächst flächig
❋ ❋ ❋ ◊ ◗ ☼ ♈

Matteuccia struthiopteris

Der sommergrüne Straußfarn hat lange, schmal zulaufende Wedel, die sich zu einem elegant aufstrebenden Trichter formen. Das Rhizom breitet sich unterirdisch schnell aus, sodass Gruppen entstehen. Braucht neutralen bis sauren Boden.

H: 1,3 m, **B:** 1 m
❋ ❋ ❋ ◊ ☼ ♈

Milium effusum 'Aureum'

Das mehrjährige Wald-Flattergras behält seine gelbgrüne Farbe den ganzen Sommer lang. Es breitet sich zwischen Blütenpflanzen wie Primeln und kleinen Zwiebelblumen aus, ohne sie zu bedrängen. Ein sehr hübscher Anblick!

H: 45 cm, **B:** 30 cm
❄❄❄ ◊ ☼ ☿ ♉

Narcissus 'Acatea'

Wenn Sie keine Tulpen mögen (oder sie in Ihrem Garten nicht gedeihen), setzen Sie auf späte Narzissen, die Schattenplätze aufhellen und oft angenehm duften. Verwelkte Blüten abschneiden, damit die Zwiebeln Reserven für das nächste Jahr einlagern.

H: 45 cm, **B:** 10 cm
❄❄❄ ◊ ☼ ☿ ♉

Narcissus 'Jumblie'

Zwerg-Narzissen sind robuster, als ihr graziles Aussehen vermuten lässt. Sie eignen sich für Beete, Kübel und Blumenkästen. 'Jumblie' trägt zahlreiche goldgelbe Blüten mit zurückgeschlagenen Kronblättern und relativ langer »Trompete«.

H: 17 cm, **B:** 5 cm
❄❄❄ ◊ ☼ ☿ ♉

Narcissus 'Tête-à-tête'

Eine der beliebtesten frühen Narzissen-Sorten mit zierlichen, reingelben Blüten. In Gruppen zwischen Sträuchern oder in den Rasen pflanzen. Schön für winterliche Kübel neben immergrünen Zwergsträuchern. Die Blüten eignen sich gut zum Schnitt.

H: 15 cm, **B:** 5 cm
❄❄❄ ◊ ☼ ☿ ♉

Ophiopogon planiscapus 'Nigrescens'

Der Schlangenbart mit seinen nahezu schwarzen, schmalen Blättern ist die richtige Wahl für einen modernen »Designergarten«. Er gibt für viele blühende Pflanzen einen schönen Hintergrund ab, braucht aber sauren Boden. Gedeiht auch in Töpfen.

H: 20 cm, **B:** 30 cm
❄ ◊ ☼ ☿ ♉

Osmunda regalis

Der Königsfarn mit dunkelgrünen, ledrigen Wedeln wächst gut in einem großen Kübel (sofern reichlich gegossen wird), aber auch am Teichufer. Im Sommer bilden sich unzählige bräunliche Sporenbehälter an den fruchtbaren Wedeln in der Trichtermitte.

H: 2 m, **B:** 4 m ❄❄❄ ◊ ☼ ☿ ♉

Pflanzenporträts (Pa–Po)

Pachyphragma macrophyllum

Im Frühling trägt das halbimmergrüne Scheinschaumkraut weiße Blüten-büschel über glänzenden, rundlichen Blättern. Später bilden sich herzför-mige Früchte. Schöner, aber langsam wachsender Bodendecker unter Laub-bäumen oder zwischen Sträuchern.

H: bis 40 cm, **B:** bis 90 cm
❀❀ ◊ ☀

Pachysandra terminalis

Ysander ist ein immergrüner Bodendecker mit grünen, glänzenden Blättern, der gut unter Bäumen oder zwischen Sträuchern gedeiht. Trägt im Frühling Büschel relativ kleiner, weißer Blüten. 'Variegata' ist eine Form mit weiß gerandeten Blättern.

H: 20 cm, **B:** wächst flächig
❀❀❀ ◊ ◊ ☀ ☀

Paeonia lactiflora 'Duchesse de Nemours'

Stauden-Päonien fühlen sich im lichten Schatten wohl. Diese Sorte trägt große, gefüllte Blüten in hellem Cremeweiß mit würzigem Duft. Päonien sind langlebig, sofern sie ungestört wachsen können. Man sollte sie nicht umpflanzen.

H: 80 cm, **B:** 80 cm ❀❀❀ ◊ ☀ ♈

Paeonia lutea

Strauch-Päonien besitzen attraktive, jadegrüne Blätter. Im Spätfrühling erscheinen schalenförmige, kräftig gelbe, glänzende Blüten, die aber kurzlebig sind. Man sollte sie möglichst nicht schneiden und vor starkem Frost schützen.

H: 1,5 m, **B:** 1,5 m
❀❀ ◊ ☀

Paeonia suffruticosa 'Nigata Akashigata'

Im Spätfrühling brechen die Knospen der Strauch-Päonien auf und die prächtigen Blüten entfalten sich. Die Pracht dauert aber oft nur eine Woche. Diese Sorte trägt blassrosa Blüten mit einer dunkelmagentafar-benen Zone. Regelmäßig düngen.

H: 2 m, **B:** 2 m ❀❀ ◊ ☀

Philadelphus coronarius 'Aureus'

Etwas Sonne braucht dieser Pfeifen-strauch für eine schöne Blattfärbung, doch bei zu viel Sonne versengt das Laub. Ideal ist ein Platz mit Schatten am Mittag und Nachmittag. Im Frühsommer trägt der Strauch cremefarbene, stark duftende Blüten.

H: 2,5 m, **B:** 1,5 m
❀❀❀ ◊ ☀ ♈

Phlox stolonifera

Der Polster-Phlox stammt aus dem Wald und trägt an langen Trieben im Frühsommer sternförmige Blüten in hellem Violett. Schön für den Rand eines schattigen Beets oder Hochbeets. 'Ariane' (unten) bringt weiße Blüten hervor.

H: 10–15 cm, **B:** 30 cm
❋❋❋ ⬥ ☼

Pieris 'Forest Flame'

Vom Spätwinter bis Frühling treibt der immergrüne Strauch junge Triebe in Korallenrot, wenig später erscheinen Maiglöckchen-ähnliche Blüten in duftigen Ständen. Pieris braucht sauren Boden, oder man pflanzt in Kübel mit Moorbeetpflanzenerde.

H: 4 m, **B:** 2 m ❋❋ ⬥ ☼ ♔

Polemonium caeruleum

Die Jakobsleiter ist eine ausgezeichnete Beetstaude mit apart gefiederten, übergeneigten Blättern und himmelblauen (selten weißen) Trichterblüten im Sommer. Sieht schön auch in einer Wildblumenwiese aus. Zieht im Winter vollständig ein.

H: bis 90 cm, **B:** 30 cm
❋❋❋ ⬥ ☼

Polygonatum x hybridum

Das Salomonssiegel ziert schattige Ecken durch gebogene Stängel, an denen im Mai fein duftende, weiße Blüten hängen. Nach der Blüte besorgen oft die Larven der Salomonssiegel-Sägewespe Kahlfraß, doch die Pflanzen gehen daran nicht zugrunde.

H: 1,5 m, **B:** 30 cm
❋❋❋ ⬥ ☼ ☀ ♔

Polypodium vulgare

Der immergrüne Tüpfelfarn passt sich vielen Standorten an, bevorzugt aber steinigen Boden. Die Art hat glatte, ledrige, tief eingeschnittene Wedel in lanzettlicher Form, es gibt aber auch Sorten mit anders geschnittenen Wedeln.

H: 30 cm, **B:** wächst flächig
❋❋❋ ⬥ ☼

Polystichum setiferum

Der immergrüne Schildfarn sieht mit seinen dunkelgrünen, lanzettlichen, überhängenden Wedeln elegant aus. Er gedeiht im tiefen Schatten und bildet bei ausreichend Feuchtigkeit große Horste. Einige Sorten besitzen feiner gefiederte Wedel.

H: 1,2 m, **B:** 90 cm
❋❋❋ ⬥ ☼ ☀ ♔

Pflanzenporträts (Pr–Ro)

Primula bulleyana

Wegen der speziellen Anordnung der Blüten am Schaft spricht man von einer Etagen-Primel. Die Blütenstände erscheinen im Frühling über einer Rosette aus weichen, grünen Blättern. Die Art braucht neutralen bis sauren Boden, der nicht austrocknet.

H: 60 cm, **B:** 60 cm
❄❄❄ ◐ ● ☼ ♈ ♉

Primula denticulata

Die Kugel-Primel trägt vom Hochsommer an rundliche Blütenstände (die an Zier-Lauch erinnern) auf kräftigen Schäften über Rosetten aus löffelförmigen Blättern. Die Blüten sind rosa oder weiß. Schön am Teichufer oder als Beeteinfassung.

H: 45 cm, **B:** 45 cm
❄❄❄ ◐ ☼ ♈ ♉

Primula-Elatior-Hybriden

Primeln vom Polyantha-Typ blühen im Spätwinter bis Frühling in kräftigen Farben. Sie sind mehrjährig, werden aber meist einjährig kultiviert, weil die Blüten mit den Jahren kleiner und blasser werden. Für Beete, Töpfe oder Kästen. Nach der Blüte wegwerfen.

H: 15 cm, **B:** 20 cm
❄❄❄ ○ ◐ ☼

Primula veris

Die Schlüsselblume ist eine kleine Wiesenpflanze mit kräftig gelben Blüten im Frühling. Schön zum Verwildern im Rasen oder an einem Ufer. Bevorzugt schweren Boden mit gutem Wasserhaltevermögen, auch für Beete und Blumenkästen geeignet.

H: 25 cm, **B:** 25 cm
❄❄❄ ◐ ☼ ♈

Pulmonaria 'Sissinghurst White'

Obwohl die Blätter des Lungenkrauts robust aussehen, vertragen sie nicht viel Sonne. Die Pflanzen gedeihen gut im kühlen Schatten. Nach der Blütezeit im Spätfrühling streckt sich das Laub. Es gibt auch Sorten mit Blüten in Rosa, Rot oder Weiß.

H: 30 cm, **B:** 45 cm
❄❄❄ ○ ◐ ☼ ♈

Rheum palmatum 'Atrosanguineum'

Dieser Zier-Rhabarber ist eine großartige Pflanze für feuchten Boden. Die stattlichen Blätter treiben karminrot aus und vergrünen allmählich. Im Sommer trägt die Pflanze hoch aufragende Blütenstände aus unzähligen Blütchen in kräftigem Pink.

H: 2,5 m, **B:** 1,8 m
❄❄❄ ◐ ☼ ♈

Rhododendron *luteum*

Viele Sorten stammen von dieser wüchsigen, sommergrünen Art ab, etliche haben den Duft und von ihr die leuchtend gelben Blüten geerbt, die von Spätfrühling bis Sommer erscheinen. Die Blätter färben sich im Herbst hellrot. Braucht sauren Boden.

H: 4 m, **B:** 4 m
❄❄❄ ◌ ☀ ♚

Rhododendron **'Palestrina'**

Unter den immergrünen Rhododendren zeichnet sich diese durch ihren kompakten Wuchs und die reiche Blüte aus. Dichte Büschel schneeweißer Blüten heben sich im Spätfrühling schön vor dem dunkelgrünen Laub ab. Braucht sauren Boden.

H: 1,2 m, **B:** 1,2 m
❄❄❄ ◌ ☀ ♚

Rhododendron **'Persil'**

Der sommergrüne Rhododendron hat einen buschigen Wuchs und eignet sich für lichte Gehölzpflanzungen, den Beethintergrund oder einen großen Kübel. Im mittleren Frühling erscheinen weiße Blüten mit gelb-orangefarbenem Schlund. Braucht sauren Boden.

H: 2 m, **B:** 2 m
❄❄❄ ◌ ☀ ♚

Rodgersia *sambucifolia*

Das Bronzeblatt fühlt sich im Sumpfbeet, am Teichufer oder in einem schattigen Beet wohl. Die kastanienähnlich geformten Blätter geben einen guten Hintergrund für andere Pflanzen ab. Im Hochsommer erscheinen duftige Rispen aus weißen oder rosa Blüten.

H: 2 m, **B:** 1 m
❄❄❄ ◍ ☀

Rosa **'Albéric Barbier'**

Diese alte Rambler-Rose wächst sogar an einer schattigen Mauer. Im Frühsommer trägt sie zauberhaft gekräuselte, cremeweiße Blüten mit zartem Duft. In milden Wintern wirft sie das Laub nicht ab. Bei Bedarf nach der Blüte schneiden.

H: 5 m, **B:** 3 m
❄❄❄ ◌ ☀ ♚

Rosa **'Mermaid'**

Die einzigartige Kletterrose trägt große, einfache Blüten in Cremegelb, die sich kontinuierlich von Frühsommer bis Spätherbst öffnen. In milden Wintern wirft sie nicht das ganze Laub ab. Wächst langsam an, aber die Geduld zahlt sich aus.

H: 6 m, **B:** 6 m
❄❄❄ ◌ ☀ ♚

Pflanzenporträts (Ro–Ti)

Rosa 'New Dawn'
Die Blütezeit dieser beliebten Kletterrose setzt etwas später ein als bei anderen Sorten, hält aber bis in den Herbst an. Die silbrig rosa Blüten duften würzig. Die steifen, stacheligen Triebe sollten angebunden werden, solange sie noch jung und geschmeidig sind.

H: 5 m, **B:** 3 m
❄❄❄ ◊ ☼ ♈ ♈

Rosa rugosa
Die Kartoffel-Rose gedeiht an verschiedensten Standorten, sogar auf trockenem Boden. Sie trägt im Sommer einfache, duftende Blüten in Rosa oder Weiß zwischen runzligen Blättern. Später bilden sich rundliche Hagebutten in kräftigem Hellrot.

H: 1–2,5 m, **B:** 1–2,5 m
❄❄❄ ◊ ☼

Rubus 'Benenden'
Der Name »Zier-Brombeere« mag Zweifel wecken, doch ist dies ein schöner Strauch, der von Spätfrühling bis Frühsommer rosenartige Blüten in Schneeweiß trägt. Durch die unbestachelten Triebe ist der Rückschnitt (nach der Blüte) kein Problem.

H: 3 m, **B:** 3 m
❄❄❄ ◊ ☼ ♈

Sarcococca confusa
Die Fleischbeere gehört zu den besten immergrünen Sträuchern für schattige Lagen. Sie trägt feste, dunkelgrüne, glänzende Blätter und mitten im Winter kleine weiße Blüten mit intensivem Duft. Sehr schön als Bodendecker unter Laubbäumen.

H: 2 m, **B:** 1 m
❄❄❄ ◊ ☼ ☼ ♈

Saxifraga 'Tricolor'
Dieser Steinbrech stammt aus dem Wald und ist mit seinen nierenförmigen, dunkelgrünen Blättern mit rot-weißer Zeichnung ein schönes Blattgewächs für schattige Beete oder Steingärten. Im Sommer trägt er duftige Rispen aus winzigen weißen Blüten.

H: 30 cm, **B:** 30 cm
❄❄ ◊ ☼ ☼ ♈

Saxifraga x urbium
Dieser immergrüne, robuste Steinbrech bildet große Rosetten aus ledrigen, löffelförmigen Blättern in Mittelgrün. Darüber schweben im Sommer lockere Rispen aus weißen Blüten mit rosa Hauch. Toleriert auch trockenen Boden.

H: 30 cm, **B:** wächst flächig
❄❄❄ ◊ ☼ ☼ ♈

Skimmia japonica 'Kew Green'

Der immergrüne Strauch mit seinem kompakten, rundlichen Wuchs sieht in Beeten oder großen Kübeln gut aus. Diese Sorte trägt im Frühling duftende Blüten in Weiß. Skimmien vertragen basischen Boden, bevorzugen aber ein neutrales bis saures Milieu.

H: bis 3 m, **B:** bis 1,5 m
❄❄ ◊ ☼ ☀ ♈

Smilacina racemosa (syn. *Maianthemum racemosum*)

Das Duftsiegel ist mit dem Salomonssiegel verwandt und leicht mit ihm zu verwechseln – bis im Frühling die lockeren Rispen aus weißen Blüten an den Triebspitzen erscheinen. Manchmal bilden sich später grüne Beeren, die rot ausreifen.

H: bis 90 cm, **B:** 60 cm
❄❄❄ ◊ ☼ ☀ ♈

Symphytum caucasicum

Beinwell ist eine etwas grobe Pflanze mit Hang zum Wuchern, trägt im Sommer aber über einen langen Zeitraum hübsche Blüten in leuchtendem Blau. Einige Sorten mit farbig gefleckten Blättern breiten sich weniger stark aus.

H: 60 cm, **B:** 60 cm
❄❄❄ ◊ ☼ ☀ ♈

Tellima grandiflora

Die Falsche Alraunenwurzel liebt es feucht. Die Staude bildet Rosetten aus herzförmigen Blättern, über denen sich von Spätfrühling bis Hochsommer aufrechte Stängel mit grünweißen Blüten erheben. 'Perky' ist eine kompakte Sorte mit roten Blüten.

H: bis 80 cm, **B:** 30 cm
❄❄❄ ◊ ☼

Thalictrum aquilegiifolium 'Thundercloud'

Die Wiesenraute ist eine gute Staude für den Beethintergrund. Über graugrünen Blättern erscheinen im Frühsommer flauschig aussehende Blütenstände in kräftigem Rosa. Eine sehr charakteristische Erscheinung.

H: 1 m, **B:** 45 cm
❄❄❄ ◊ ☼ ♈

Tiarella cordifolia

Diese Waldpflanzen werden hauptsächlich wegen ihrer gelappten Blätter geschätzt, die sich bei Kälte bronzebraun färben. Im Sommer stehen die winzigen Blüten wie lockerer Schaum über dem Laub – daher rührt der deutsche Name Schaumblüte.

H: 10–30 cm, **B:** 30 cm
❄❄❄ ◊ ☼ ☀ ♈

Pflanzenporträts (Tr–Wi)

Trachelospermum jasminoides
Der Sternjasmin ist eine immergrüne, nicht winterharte Kletterpflanze mit ovalen, dunkelgrünen, glänzenden Blättern. Vom Frühsommer bis in den Herbst erscheinen kleine weiße Blüten, die ähnlich wie Jasmin duften, jedoch viel intensiver.

H: 2,5 m, **B:** 1 m
❄ ◊ ☼ ♆

Trachycarpus fortunei
Die Hanfpalme bringt selbst in gemäßigten Regionen exotisches Flair in den Garten. Bei älteren Exemplaren schuppt die Rinde ab. Schön als Blickfang unter Gehölzen oder im Kübel. Vorsicht: An den spitzen, harten Blättern kann man sich verletzen.

H: 2–3 m, **B:** 2 m
❄ ◊ ☼ ♆

Tricyrtis formosana
Die Krötenlilie hat ihren Auftritt im Herbst. An zickzackförmigen Stängeln erscheinen dann lilienförmige Blüten in mattem Rosa mit pinkfarbenen oder violetten Sprenkeln. Verdient einen Platz, an dem man sie aus der Nähe betrachten kann.

H: 80 cm, **B:** 45 cm
❄❄ ◊ ☼ ☀ ♆

Trillium grandiflorum
Das Dreiblatt ist eine Waldstaude, deren attraktive Blüten im Frühling besonders schön in großen Gruppen unter Laubbäumen zur Geltung kommen. Am besten kombiniert man sie nicht unmittelbar mit zierlicheren Arten.

H: 40 cm, **B:** 30 cm
❄❄ ◊ ☼ ☀ ♆

Trollius-Hybride 'Orange Princess'
Trollblumen sind dankbare Schattenstauden, die vom Spätfrühling bis in den Frühsommer blühen. Sie bevorzugen feuchten Boden, etwa im Sumpfbeet oder am Teichufer. Diese wüchsige Sorte trägt orangegelbe Blüten.

H: 90 cm, **B:** 45 cm
❄ ◊ ☼ ♆

Tropaeolum speciosum
Die Flammende Kapuzinerkresse treibt im Frühling kräftig aus und schmückt sich im Sommer mit feuerroten Blüten. Großartig zum Auflockern einer Hecke oder einer großen Konifere. Braucht kalkfreien, möglichst kühlen und feuchten Boden.

H: 3 m und mehr, **B:** 1 m
❄❄ ◊ ☼ ♆

Viburnum davidii

Im Beet oder als Bodendecker schmückt Davids Schneeball mit immergrünen, glänzenden Blättern und im Frühling mit rundlichen, weißen Blütenständen. Für den blauen Beerenschmuck im Herbst müssen männliche und weibliche Pflanzen vorhanden sein.

H: 1–1,5 m, **B:** 1–1,5 m ❄❄❄ ◌ ☀ ♈

Vinca major 'Variegata'

Das Große Immergrün mit weiß geflecktem Laub wuchert weniger stark als die einfarbig grüne Art. Über den hübschen Blättern stehen im Frühling vereinzelt die blauen Blüten. Wunderbar als Bodendecker zu verwenden oder anstelle von Efeu in Kübeln.

H: 45 cm, **B:** wächst flächig
❄❄❄ ◌ ☀ ♈

Vinca minor

Das Kleine Immergrün ist weniger wüchsig und in allen Teilen zierlicher als sein großer Verwandter. Es bietet sich als Bodendecker an, wirkt aber auch in Kübeln und Ampeln gut. Buntlaubige Formen brauchen für eine gute Laubfärbung etwas Sonne.

H: 10–20 cm, **B:** wächst flächig
❄❄❄ ◌ ☀ ☀

Viola labradorica

Dort wo sich das unschuldig aussehende Labrador-Veilchen wohl fühlt, sät es sich überreich aus und erobert den ganzen Garten. Die herzförmigen Blätter schimmern wie polierte Bronze. Darüber stehen im Mai-Juni zarte Blüten in Violett ohne Duft.

H: 8 cm, **B:** wächst flächig
❄❄❄ ◌ ☀

Weigela 'Looymansii Aurea'

Weigelien sind verlässliche Blütensträucher. Diese Sorte mit gelbgrünen Blättern und zartrosa Blüten im Mai-Juni wirkt erst recht attraktiv. Die Blattfärbung bildet sich bei wenig Sonne aus – Schatten ist zum Schutz vor Verbrennungen notwendig.

H: 1,5 m, **B:** 1,5 m
❄❄❄ ◌ ☀

Wisteria floribunda 'Alba'

Die Glyzine blüht am schönsten an einer warmen Wand, aber sie gedeiht sogar im lichten Schatten. Hinreißend sieht es aus, wenn sie einen alten Baum erobern darf, von dem im Spätfrühling die langen blauen Blütentrauben herabhängen.

H: 9 m und mehr, **B:** 7 m
❄❄❄ ◌ ☀ ♈

Bezugsquellen

Wer auf ein reichhaltiges Sortiment besonderen Wert legt, kauft Stauden am besten in einer Staudengärtnerei. Doch auch Gartenmärkte, Gartencenter und viele Baumschulen bieten qualitativ hochwertige Pflanzware, wenn auch in aller Regel in weniger reichhaltiger Auswahl.

Die folgenden zertifizierten Betriebe verkaufen und versenden an Privatkunden.

Lux-Staudenkulturen
Marko Thate
Kirchweg 18 (Post)
01796 Pirna
Tel. 03501-464989
Fax 03501-464994
www.luxstauden.de
E-Mail: LUX-Stauden@t-online.de

Foerster-Stauden GmbH
Gerd Berthe, Wolfgang Härtel
Am Raubfang 6
14469 Potsdam-Bornim
Tel. 0331-520294
Fax 0331-5672630
www.foerster-stauden.de
E-Mail: info@foerster-stauden.de

Uwe Härlen
Unter den Linden 100
21435 Stelle
Tel. 04174-2221
Fax 04174-4405
www.haerlen-stauden.de
E-Mail: info@haerlen-stauden.de

Klingel + Luckhardt Pflanzenkulturen
Uta Klingel, Andreas Luckhardt
Fliederweg 10
21789 Wingst
Tel. 04778-325
Fax 04778-326

E-Mail: stauden-klingel-luckhardt@t-online.de

Friesland Staudengarten
Uwe Knöpnadel
Husumer Weg 16
26441 Jever-Rahrdum
Tel. 04461-3763
Fax 04461-2307
www.friesland-staudengarten.de
E-Mail: info@friesland-staudengarten.de

Annemarie Eskuche
Am Söhnholz
29664 Ostenholz
Tel. 05167-287
Fax 05167-1271
www.stauden-eskuche.de
E-Mail: eskuche@stauden-eskuche.de

Hagemann Staudenkulturen
Constantin Eckhardt und
Hanno Dahmke
Walsroder Straße 324
30855 Langenhagen-Krähenwinkel
Tel. 0511-737644
Fax 0511-736465
www.traumraeume.de
E-Mail: hdahmke@aol.com

Stauden-Kulturen
Willi Tangermann
Raue Wiese 17
31171 Nordstemmen
Tel. 05069-548
Fax 05069-3030
www.tangermann-stauden.de
E-Mail: tangermann-stauden@t-online.de

Stauden Junge
Matthias Großmann
Seeangerweg 1
31787 Hameln-Wehrbergen
Tel. 05151-3470

Fax 05151-924345
www.staudenjunge.de
E-Mail: info@staudenjunge.de

Heinz-Richard Klose
Rosenstraße 10
34253 Lohfelden
Tel. 0561-515555
Fax 0561-515120
www.staudengaertner-klose.de
E-Mail: info@staudengaertner-klose.de

Staudenkulturen Wauschkuhn GbR
Regina, Angela und
Sabine Wauschkuhn
Mühlenberg 7 / Tiefe Wiesen 1
34346 Hann. Münden
Tel. 05546-356
Fax 05546-1400
www.wauschkuhn-staudenkulturen.de
E-Mail: wauschkuhn@wauschkuhn-staudenkulturen.de

Gaby Braun-Nauerz
Willstätterstraße 1
38116 Braunschweig
Tel. 0531-512529
Fax 0531-515364
www.blattgruen.com
E-Mail: blattgruen-braun@t-online.de

Helmut Stade
Beckenstrang 24
46325 Borken-Marbeck
Tel. 02861-2604
Fax 02861-65136
www.stauden-stade.de
E-Mail: info@stauden-stade.de

Gartenbau Michaele Schulze Weiberg
Gladbeck 16a
48301 Nottuln
Tel. und Fax 02548-934329
www.plantshop.de
E-Mail: post@plantshop.de

Kayser & Seibert Odenwälder Pflanzenkulturen
Klaus Seibert
Wilhelm-Leuschner-Straße 85
64380 Roßdorf
Tel. 06154-9068
Fax 06154-82069
www.kayserundseibert.de
E-Mail: info@kayserundseibert.de

Müller & Pfützner GmbH
Westerbachstraße 247
65936 Frankfurt
Tel. 069-341897
Fax 069-343517
www.gartencenter-frankfurt.de
E-Mail: mueller-pfuetzner@freenet.de

Martin Häussermann
Im Kornfeld 4
71696 Möglingen
Tel. 07141-4999-0
Fax 07141-4999-250
www.haeussermann.com
E-Mail: mail@haeussermann.com

Staudengärtnerei Schöllkopf
R. Frank und R. Peter
Gewann Heckwiesen Postfach 7137
72770 Reutlingen-Betzingen
Tel. 07121-54971
Fax 07121-580912
www.staudengaertnerei.net
E-Mail: info@staudengaertnerei-schoellkopf.de

Hermann Näpfel
Äußere Nürnberger Straße 99
91710 Gunzenhausen
Tel. 09831-2070
Fax 09831-50231
E-Mail: inaepfel@hotmail.com

Johann und Edith Strobler
Gundelsheimer Straße 80
96052 Bamberg
Tel. 0951-62242
Fax 0951-67126
www.bamberger-staudengarten.de
E-Mail: bamberger-staudengarten@t-online.de

Sortiments- und Versuchsgärtnerei
Werner Simon
Staudenweg 2
97828 Marktheidenfeld
Tel. 09391-3516
Fax 09391-2183
www.gaertnerei-simon.de
E-Mail: simon-pflanzungen@t-online.de

Weinland-Stauden, Hans Frei
Breitestraße 5
CH-8465 Wildensbuch/Schweiz
Tel. 0041-52-3191230
Fax 0041-52-3191015
E-Mail: frei.weinlandstauden@bluewin.ch

Staudengärtnerei Feldweber
Hermine Gruber
A-4974 Ort im Innkreis
Tel. 0043-7751-320
Fax 0043-7751-7223
www.feldweber.com

Organisationen

Weitere Adressen finden Sie beim:

Bund deutscher Staudengärtner
Godesberger Allee 142-148
53175 Bonn
Tel. 0228-8100255
Fax 0228-8100248
www.stauden.de
E-Mail: info@stauden.de

Die Suchmaschine erleichtert es, einen zertifizierten Fachbetrieb in der Nähe Ihres Wohnortes zu finden.

Wer sich intensiver mit Stauden befassen möchte, findet Gleichgesinnte bei der Gesellschaft der Staudenfreunde. Die einzelnen Ortsgruppen organisieren Pflanzen- und Samentausch, sie bieten ihren Mitgliedern Informationsrunden und interessante Veranstaltungen.

Gesellschaft der Staudenfreunde e.V.
GdS Geschäftsstelle
Evi Roth
Neubergstraße 11
77955 Ettenheim
Tel. 07822-861834
Fax: 07822-861833
E-Mail: info@gds-staudenfreunde.de

Register

Register

Dank/Bildnachweis

Der Verlag bedankt sich für die Genehmigung zur Verwendung der folgenden Fotos:

(o-oben; u-unten; M-Mitte; l-links; r-rechts)

6–7 DK Images: Peter Anderson; Designer: Nick Williams-Ellis/The Jurassic Coast Garden/Chelsea Flower Show 2006. **8** DK Images: Steve Wooster; Designer: Phil Jaffa, Chelsea Flower Show 2004 (or). Andrew Lawson (ur). **9** Leigh Clapp: Culver-keys. **11** Marianne Majerus Photography: Designer: Michele Osborne (o); DK Images: Peter Anderson; Designers: Diane Appleyard, Paul Ashton, Dawn Johnson, Simon Street, John Walker/A garden for Robin/Chelsea Flower Show 2006. **13** Brian T. North: Designer: Zia Allaway. **14–15** Andrew Lawson. **18** DK Images: Peter Anderson; Designer: The Pantiles Design Centre/The Blue Garden/

Hampton Court Flower Show 2006 (o); DK Images: Peter Anderson; Designer: Nick Williams-Ellis/The Jurassic Coast Garden/Chelsea Flower Show 2006 (u). **22–23** DK Images: Peter Anderson; Designer: Tom Hoblyn/The Artist's Garden/Hampton Court Flower Show 2006. **24** www. cuprinol.co.uk (ur). **25** DK Images: Peter Anderson; Designer: Annie Konig/The Weleda Garden/Hampton Court Flower Show 2006. **26** DK Images: Peter Anderson; Designer: Tom Hoblyn/The Artist's Garden/ Hampton Court Flower Show 2006. **27** DK Images: Peter Anderson; Coton Manor Garden (ul); Designer: Alison Sloga/Immaculate Square Garden/ Hampton Court Flower Show 2006. **29** DK Images: Peter Anderson; Designer: Marcus Barnett und Philip Nixon/Savills Garden/Chelsea Flower Show 2006. **30** DK Images: Emma Firth. **43** DK Images: Peter Anderson/ Coton Manor Garden.

46 S & O Mathews Photography: The Little Cottage, Lymington. **49** John Glover: Bransford Nursery, Worcs (ur). **91** Garden Picture Library: Botanica. **93** Marianne Majerus Photography: Beth Chatto's Garden, Essex. **103** Photos Horticultural. **115** FLPA: Nigel Cattlin (or); RHS Wisley (ur). **116** DK Images: Peter Anderson (l). **117** Science Photo Library: Geoff Kidd (ul); RHS Wisley (or). **122–123** DK Images: Peter Anderson/Coton Manor Garden

Alle anderen Abbildungen © Dorling Kindersley
Weitere Informationen unter www.dkimages.com

Der Verlag bedankt sich außerdem bei Neal's Nurseries für die Bereitstellung von Gartenwerkzeug und beim Coton Manor Garden für die Genehmigung, auf dem Gelände zu fotografieren.